Letts
and
LONSDALE

Revise
GCSE

German
includes audio CD

Joan Low

Contents

1 Alltagsleben (Everyday life)

2 Freizeit und Hobbys (Leisure and hobbies)

3 Urlaub und Reisen (Holidays and travel)

4 Einkaufen (Shopping)

This book and your GCSE course

AQA B modular		AQA A Linear	EDEXCEL
3662		3661	1231
Module 1 Listening 5% (35 mins) Reading 5% (40 mins) Speaking 5% (4 mins)	Listening (25%)	Exam at either Foundation (30 mins) or Higher (40 mins).	Exam at either Foundation (30 mins) or Higher (40 mins).
Module 2 Listening 7.5% (25 mins) Reading 7.5% (30 mins)`	Speaking (25%)	Exam at either Foundation (8–10 mins) or Higher Tier (10–12 mins). 1 Role-play, presentation and discussion and conversation.	Exam at either Foundation (8–9 mins) or Higher Tier (11–12 mins). 2 Role-plays and conversation.
Module 3 Coursework speaking 7.5% (4 mins) Coursework writing 12.5%	Reading (25%)	Exam at either Foundation (30 mins) or Higher Tier (50 mins).	Exam at either Foundation (40 mins.) or Higher Tier (60 mins).
Module 4 Listening 12.5% (25 mins) Reading 12.5% (30 mins) Speaking 12.5% (5–8 mins) Writing 12.5% (40 –50 mins)	Writing (25%)	Exam at either Foundation (40 mins) or Higher Tier (60 mins). Or coursework	Exam at either Foundation (50 mins) or Higher Tier (60 mins). Or coursework

The AQA B Modular exam is completely different from the other boards. You do modules stretching over two years.

Visit your awarding body for full details of your course or download your complete GCSE specifications.

STAY YOUR COURSE!   Use these pages to get to know your course

- You have to do a listening, speaking, reading exam and either a writing exam or coursework
- Ask your teacher which exam board you are doing
- Ask if you are doing the coursework option or the writing exam
- Find out if you will be entered for Foundation Tier or Higher Tier

OCR	WJEC	NICCEA
1926	163	5670
Exam at either Foundation (40 mins) or Higher (40 mins).	Exam at either Foundation (45mins) or Higher (45 mins).	Exam at either Foundation (30 mins) or Higher (30 mins).
Exam at either Foundation (10–12 mins) or Higher Tier (12–15 mins). 2 Role-plays, presentation, discussion and conversation.	Exam at either Foundation (10 mins) or Higher Tier (12 mins). 2 Role-plays, and conversation.	Exam at either Foundation (10 mins) or Higher Tier (10 mins). 2 Role-plays, presentation and conversation.
Exam at either Foundation (40mins) or Higher Tier (50 mins).	Exam at either Foundation (45mins) or Higher Tier (45 mins).	Exam at either Foundation (40mins) or Higher Tier (40 mins).
Exam at either Foundation (40 mins) or Higher Tier (60 mins). Or coursework	Exam at either Foundation (45mins) or Higher Tier (60 mins). Or coursework	Exam at either Foundation (45mins) or Higher Tier (45mins).

For each exam board, the available grades are the same.
Foundation Tier   G–C   Higher Tier   E–A*

www.aqa.org.uk, www.ocr.org.uk, www.edexcel.org.uk, www.wjec.co.uk, www.ccea.org.uk

Preparing for the examination

Planning your study

Make sure that you have learned all the necessary words after you complete each topic. You could draw a mind map or create a database on your PC. During the topic try to learn ten new words a day. Ask someone to test you on the words: you need to be able to spell the words properly so remember to write them down when being tested.

- Each chapter includes sample role-plays and conversations. Try to complete each of these as you work through the chapter and then make a recording of yourself. By listening to the presentations and role-plays as part of your revision plan, you will be able to boost your fluency. This is often more interesting and more beneficial than simply reading words on a page.
- Practise the questions in the book. This will build your confidence and enable you to anticipate the type of questions that will occur in the GCSE examination.
- Decide if you know the topic thoroughly and if there are any weak areas: note them and look for ways to improve them in the next topic, e.g. use of adjectives, use of the past tense.

Preparing a revision programme

You need to prepare a programme which allows you to focus on the weak areas: do not spend time revising the work that you know well. It may make you feel good, but it is unproductive and will do nothing to help you to move forward.

Spend time on your presentations for the oral examination and look for ways to improve them.

Learn set phrases and expressions for the writing tasks: are you sure of letter format?
- You need to be able to make use of previously learned language in another topic.
  e.g. In the topic on family you have to be able to use adjectives to describe members of your family.

    Mein Vater ist relativ gross. Er hat kurze, glatte Haare und braune Augen. Er trägt eine Brille und er hat einen Schnurrbart.

In the topic on crime, you should be able to describe the criminal in the past tense.

  e.g. Der Rauber war relativ gross. Er hatte kurze, glatte Haare und blaue Augen. Er trug eine Brille und hatte eine Wollmütze an.

How this book will help you

Letts GCSE German Guide will help you because:

- It contains the essential vocabulary and grammatical structures needed for the GCSE examination.
- It contains progress checks as well as GCSE questions to help you to check and re-affirm your understanding.
- There are sample GCSE questions with answers and advice from an examiner on how to get them right and on how to improve.
- Trying the Examination questions will give you the opportunity to make use of the vocabulary that you have learned and will give you a measure of your progress.
- The summary table will give you a quick reference to the requirements for your examination.
- Margin comments and key points are used throughout the chapters to help you. Use these as your signposts to guide you to success in the GCSE examination.

Four ways to improve your grade

1 Listening and Reading

ALWAYS read the question **first** carefully and highlight the question word so that you know the information that you are listening for. Use any visuals to help you to predict what you might hear.

Try to anticipate the answer and note down possible words to listen for.

Check numbers, dates and times very carefully.

In the Listening test, do not attempt to write phonetically, i.e. what you have just heard! Some candidates find this very confusing and ultimately end up writing about a completely different set of events.

In the Reading examination, read the questions before you read the passage.

Some words look like English words: you should try to work out their meaning.

It pays to think LOGICALLY in both the reading and listening papers. Sometimes you have to use your common sense to work out the answers from the information given.

Examiners will also test your knowledge of synonyms and related families of words.

Susi liest gern und geht gern mit Freunden aus **may become** Susi interessiert sie sich fur Lektüre.

Ensure that you know synonyms and families of nouns and verbs (see, e.g. on Lesen).

Make a list of synonyms and word families and learn them carefully:
e.g. die Reise = die Fahrt

Also make a list a words which may look the same, but which have different meanings:
e.g. die Kirche; die Küche; die Kirsche; der Kuchen; der Koch.

2 Speaking

In the Speaking examination, there are two distinct test types. Firstly, role-play tasks – remember that your listening skills will also be tested here. In the role-play do NOT use complicated language structures: simple is best! In the conversation you will be able to discuss matters of personal or topical interest. You must also be able to justify opinions and discuss facts. You need to use present, past and future tenses. This is the time to use as many complicated structures as possible. Use a variety of verbs each time: try to use at least ten different verbs. Remember to speak clearly and to pronounce the words as well as you can.

3 Writing

In the Writing tests you will be able to use and extend a great deal of the material prepared for the speaking examination. You must be able to write accurately and to structure your work logically and coherently. It is also important to note that at least 20% of the marks are allocated to knowledge and accurate application of grammar. There will be an emphasis on using appropriate structures and on achieving a high degree of accuracy. You need to learn your verb tables thoroughly: just as you learned your times-tables in mathematics!

4 Spellings

It is important to spell accurately. If you are in any doubt about the spelling of a word, leave it out and find another way of expressing the idea. Always check carefully for accents and capital letters.

Useful web sites

Try making use of the following web sites in your revision. These sites offer exam guidance and practice exercises designed to help you prepare for GCSE.

By making use of the web and by attempting questions in all four skills (Speaking, Listening, Reading and Writing), you will not only gain confidence but also the vital practice needed for success at GCSE.

General

www.letts-education.com

www.learn.co.uk

www.linguaweb.co.uk

www.travelang.com/languages

www.modlangs.com

www.gcse.com

www.freeserve.com/education/examrevision

www.letsstudy.co.uk

German

www.yahoo.de

www.fireball.de

www.deutschwelle.de

Alltagsleben

(Everyday life)

The following topics are covered in this chapter:

- **Family and friends**
- **Home**
- **School**
- **Grammar**

1.1 Family and friends

LEARNING SUMMARY

After studying this section you should be able to:

- *describe your family*
- *describe members of your family*
- *write and talk about relationships within your family*
- *write and talk about your friendship circle*
- *deal with questions about your family*

Familienmitglieder (Family members)

AQA A AQA B
EDEXCEL
OCR
WJEC
NICCEA

The topic of family is very popular with all of the examination groups. As well as being able to talk about and describe members of your family, you should be able to comment on your relationships with key members of your immediate family and your friends. There are opportunities to link this topic with many of the others, e.g. leisure and spare time, teenage problems and issues. Remember that you can apply previously learned language to a different context.

der Vater

die Oma

der Opa

die Mutter

die Schwester

der Bruder

The family

der Bruder (Brüder) – brother	**der Mann (Männer)** – husband	**sein** *irreg* – to be
der Cousin (-s) – male cousin	**die Mutter (Mütter)** – mother	**der Sohn (Söhne)** – son
die Cousine (-n) – female cousin	**der Neffe (-n)** – nephew	**die Stiefmutter (-mütter)** – stepmother
das Einzelkind (er) – only child	**nennen** *irreg* – to name	**der Stiefsohn (-söhne)** – stepson
die Eltern *pl* – parents	**die Nichte (-n)** – niece	**die Stieftochter (-töchter)** – stepdaughter
der Enkel (-) – grandson	**die Oma (-s)** – granny	**der Stiefvater (-väter)** – stepfather
die Enkelin (-nen) – granddaughter	**der Onkel (-)** – uncle	**die Tante (-n)** – aunt
das Enkelkind (-er) – grandchild	**der Opa (-s)** – grandpa	**die Tochter (Töchter)** – daughter
der Erwachsene (-n) – adult	**der Schwager (Schwäger)** – brother-in-law	**unverheiratet** – single, unmarried
die Frau (-en) – wife	**die Schwägerin (-nen)** – sister-in-law	**der Vater (Väter)** – father
geboren sein *irreg* – to be born	**die Schwester (-n)** – sister	**verheiratet** – married
geschieden – divorced	**die Schwiegermutter (-mütter)** – mother-in-law	**verwaist** – orphaned
getrennt – separated	**der Schwiegersohn (-söhne)** – son-in-law	**der Verwandte (-n)** – relative
die Großeltern *pl* – grandparents	**die Schwiegertochter (-töchter)** – daughter-in-law	**verwitwet** – widowed
der Halbbruder (-brüder) – half-brother	**der Schwiegervater (-väter)** – father-in-law	**der Vetter (-)** – male cousin
die Halbschwester (-n) – half-sister		**die Zwillinge** *pl* – twins
heißen *irreg* – to be called		
Die Kernfamilie – close family		
die Kusine (-n) – female cousin		
ledig – single, unmarried		

Describing people

aussehen *irreg sep* – to look (like)	**die Größe (-n)** – size	**der Pferdeschwanz (-schwänze)** – ponytail
der Bart (Bärte) – beard	**hässlich** – ugly	**der Pony** – fringe
beschreiben *irreg* – to describe	**hellblau** – light blue	**rosa** *inv* – pink
blass – pale	**hellbraun** – light brown, chestnut	**rothaarig** – red-haired
blond – blonde	**hübsch** – pretty	**schlank** – slim
die Brille (-n) – pair of glasses	**lila** *inv* – purple	**schön** – handsome, beautiful
dick – fat	**klein** – small	**schwarz** – black
dunkelblau – dark blue	**kurz** – short	**solid** – stocky, sturdy
dunkelrot – dark red	**lang** – long	**stark** – strong
dünn – thin	**lockig** – curly	**die Taille (-n)** – size, waist
erkennen *irreg* – to recognise	**marineblau** – navy blue	**tragen** *irreg* – to wear, to carry
gebräunt – tanned	**mittelgroß** – of average height	**untersetzt** – stocky
das Gewicht – weight	**der Oberlippenbart (-bärte)** – moustache	**weiß** – white
glatt – straight (hair)		**der Zopf (Zöpfe)** – plait
groß – big, tall		

PROGRESS CHECK

Übersetze ins Englische.
1 Ich habe einen Halbbruder. Er ist geschieden und hat keine Kinder.
2 Meine ältere Schwester ist verheiratet.
3 Ich bin Einzelkind, aber ich habe viele Cousins.
4 Mein Stiefvater ist nicht so alt.
5 Wo wohnen dein Schwager und seine Familie?

5. Where do your brother-in law and his family live?
4. My stepfather is not so old.
3. I am an only child, but I have many cousins.
2. My elder sister is married.
1. I have a half-brother. He is divorced and has no children.

Wie man mit Leuten auskommt (Relationships)

AQA A   AQA B
EDEXCEL
OCR
WJEC
NICCEA

You may be asked to talk about your relationship with friends and parents. In Germany there is concern about the high numbers of teenagers who run away from home and this is more prevalent at the time of the summer term results in school. If students fail to reach the required level in the exams, they have to repeat a year at school.

Relationships

aktiv – active
angenehm – pleasant
Angst haben (+ vor) – to be afraid of
die Arroganz – arrogance
artig – well-behaved
mit jmdm. auskommen – to get on with someone
böse – angry, naughty, nasty
deprimiert – depressed
die Eifersucht – jealousy
ernst – serious
die Faulheit – laziness
das Gefühl (-e) – feeling
die Großzügigkeit – generosity

die Hoffnung (-en) – hope
die Intelligenz – intelligence
der Kontakt (+ zu) – to have contact with
guter Laune sein *irreg* – to be in a good mood
schlechter Laune sein *irreg* – to be in a bad mood
nerven – to annoy
jmdm. auf die Nerven gehen – to get on someone's nerves
lustig – amusing
nett – kind
ruhig – calm

der Sinn für Humor – sense of humour
die Sorge (-n) – care, worry
der Stolz – pride
sympathisch – nice
traurig – sad
unangenehm – unpleasant
unausstehlich – unbearable
unglücklich – unhappy, unfortunate
das Verhältnis – relationship
sich verstehen – to understand
verwöhnt – spoilt (child)
wütend – furious
zornig – angry
zufrieden – content

Friends

arm – poor	**glücklich** – happy, pleased	**die Nachbarin (-nen)** – female neighbour
ausstehen – to bear, to stand	**höflich** – polite	**nervös** – nervous
der Bekannte (-n) – friend	**intelligent** – intelligent	**niedlich** – cute
die Clique – group of friends	**der Jugendliche (-n)** – teenager, young person	**plaudern** – to chatter
dumm – stupid	**der Junge (-n) wk** – boy	**schlau** – clever, cunning, wily
egoistisch – selfish	**die junge Generation** – the younger generation	**schüchtern** – shy
ehrlich – honest		**das Selbstbewusstsein** – confidence
eifersüchtig – jealous	**kennenlernen sep** – to get to know	
enttäuscht – disappointed	**das Kind (-er)** – child	**die Selbstsucht** – selfishness
ernst nehmen – to take seriously	**klug** – clever	**still** – quiet
faul – lazy, idle	**komisch** – funny, amusing	**stur** – obstinate
fleißig – hard-working	**die Leute pl** – people	**talentiert** – gifted
der Freund (-e) – friend, boyfriend	**lieben** – to like, love	**verliebt (in + acc)** – in love (with)
die Freundin (-nen) – friend, girlfriend	**mürrisch** – sullen	**der Verlobte (-n)** – fiancé
	das Mädchen (-) – girl	**die Verlobte (-n)** – fiancée
freundlich – friendly	**der Nachbar (-n) wk** – male neighbour	**verlobt** – engaged
die Freundlichkeit – kindness		**verrückt** – mad
die Freundschaft (-en) – friendship		**der Witz (-e)** – joke
fröhlich – happy, cheerful, merry		

PROGRESS CHECK

Translate into English:

1. Was geht dir auf die Nerven?
2. Wie kommst du mit deinem Bruder aus?
3. Ich habe Angst vor Aids.
4. Meine Schwester und ich verstehen uns gut.
5. Mein älterer Bruder ist so gemein zu mir.
6. In der Schule kann ich die Arbeit nicht ausstehen.

1. What gets on your nerves? 2. How do you get on with your brother? 3. I am afraid of Aids. 4. My sister and I get on well together. 5. My elder brother is mean to me. 6. I can't stand the work in school.

Conversation: Grades G–D

AQA A   AQA B
EDEXCEL
OCR
WJEC
NICCEA

Hast du viele Freunde?

Ja, ich habe viele Freunde, aber meine beste Freundin heißt Lisa. Ich kenne sie seit vier Jahren.

Kannst du Lisa beschreiben?

Sie ist ziemlich groß und hat lange blonde Haare. Sie hat einen Bruder, der Markus heißt. Ihr Vater ist Mechaniker und ihre Mutter ist Hausfrau.

Hast du Geschwister?	Nein, ich bin Einzelkind und meine Eltern sind geschieden.
Wohnst du in der Nähe?	Ich wohne im Dorfzentrum.
Wo wohnt deine Freundin?	Sie wohnt in meinem Dorf.
Wann hat sie Geburtstag?	Ihr Geburtstag ist am ersten Mai. Sie ist älter als ich.
Was macht ihr zusammen?	Wir gehen ins Kino oder wir hören Musik.
Wie ist sie?	Sie ist sehr nett und hilfsbereit.

Can you now develop this into a Higher-level conversation?
Work with a friend and look for ways to extend and improve the conversation.

Conversation: Grades C–A*

AQA A **AQA B**
EDEXCEL
OCR
WJEC
NICCEA

Wie viele Personen gibt es in deiner Familie?	Wir sind vier, meine Eltern und meine zwei Brüder.
Wie sind deine Eltern?	Meine Mutter ist ziemlich klein und nett. Sie hat blaue Augen und trägt eine Brille. Mein Vater ist ziemlich groß und hat einen Vollbart.
Hast du Haustiere?	Nein, wir haben ein kleines Haus und keinen Platz für Tiere. Ich hätte gern einen Hund.
Wie kommst du mit deinen Eltern aus?	Ich habe ein gutes Verhältnis zu meiner Mutter. Wir besprechen fast alles. Ich finde sie sehr nett, und sie ist immer guter Laune. Letzten Samstag sind wir in die Stadt gegangen und wir haben einen Einkaufsbummel gemacht. Wir sind in Kleidergeschäfte gegangen.
Und dein Vater?	Wegen seiner Arbeit hat er nicht viel Zeit für mich. Ab und zu hilft er mir bei den Hausaufgaben. Er ist immer gut gelaunt, aber ich finde ihn manchmal komisch. Er ist sportlich und fit, und nächstes Wochenende werden wir zu einem Fußballspiel gehen. Ich freue mich schon darauf. Hinterher werden wir in ein Restaurant gehen.

You should add details about other members.

Great use of a conditional tense!

Lots of adverbs and adjectives! You have now used all the tenses required for the higher grades: practise this conversation and add your own details.

KEY POINT

It is a good idea to be able to talk about someone else in the examination. It shows that you have a good knowledge of verbs and cases. You should be able to get some bonus points for this!

1.2 School

> After studying this topic, you should be able to:
> - write and talk about your school buildings
> - write and talk about the subjects which you study
> - write and talk about your daily routine

Schulgebäude und Fächer (School buildings and subjects)

AQA A **AQA B**
EDEXCEL
OCR
WJEC
NICCEA

After leaving the Grundschule, usually at the age of ten, students either carry on their education at a *Hauptschule, Realschule* or *Gymnasium* – or the *Gesamtschule*, which comprises all three levels.

Progress is carefully monitored and if a student does not reach the required level, he or she is obliged to repeat the year. This is called *sitzen bleiben* and many students fear the *Wiederholung* (repetition) of a school year.

In the final three years of the *Gymnasium* (or the *Gesamtschule*) students prepare for the *Abitur*. This is necessary in order to go on to study at a university.

The topic of school enables you to describe the building and its facilities. You can also talk about the range of subjects offered by your school as well as offering your opinion on these. You must also be able to describe your daily routine in school. You could talk about your ideal school and how you would like to see it organised. There are also clear links with future plans and the importance of qualifications in achieving your goals.

	Montag	Dienstag	Mittwoch	Donnerstag	Freitag
08:15	Religion	Spanisch		Mathe	
09:10	Deutsch			Betriebs.	Geschichte
10:20		Mathe	Mathe	Spanisch	
11:15	Mathe		Turnen	Informatik	Mathe
12:10			Französisch		
1h45	Latein	Technologie		Englisch	LER
2h40	Technologie	Sport		Englisch	LER
3h35	Medienwiss.			Theater	Biologie
4h45					

Buildings

der Arbeitsraum (-räume) – private study room
die Aula (Aulen) – school hall
die Bibliothek (-en) – library
der Bildschirm (-e) – screen
das Büro (-s) – office
der Computer (-) – computer
das Fenster (-) – window
der Fußballplatz (-plätze) – football pitch
der Fußboden (-böden) – floor
der Gang (Gänge) – corridor
gemischt – mixed
die Kantine (-n) – canteen
der Kassettenrekorder (-) – tape recorder

das Klassenzimmer (-) – classroom
der Kopfhörer – headset
das Labor (-s) – laboratory
das Lehrerzimmer (-) – staffroom
der Lehrmittelraum (-räume) – resources centre
das Mikrofon (-e) – microphone
der Schlafraum (-räume) – dormitory
der Schrank (Schränke) – cupboard
der Schulhof (-höfe) – playground
der Schwamm (Schwämme) – sponge
das Schwimmbad (-bäder) – swimming pool

das Sprachlabor (-s) – language lab
die Tafel (-n) – (black/white) board
der Tageslichtprojektor (-en) – overhead projector
der Tagesraum (-räume) – pupils' common room
der Tennisplatz (-plätze) – tennis court
die Turnhalle (-n) – gym
der Umkleideraum (-räume) – changing rooms
der Werkraum (-räume) – workshop, studio

Subjects and preferences

Betriebswirtschaft – business studies
Drama – Expressive Arts
durchschnittlich – average
das Ergebnis (-se) – result
die Erlaubnis (se) – permission
der Fortschritt (-e) – progress, improvement
gemischt – mixed
Handarbeit – needlework
Informatik – IT, computer studies
Kochen – cookery
kompliziert – complicated

Latein – Latin
leicht – easy
LER = Lebensgestaltung, Ethik, Religion – PSE + RE combined
lustig – amusing, funny
Medienwissenschaft – media studies
nützlich – useful
nutzlos – useless
Religion – RS
schrecklich – awful
schwierig – difficult

Spanisch – Spanish
Sport – PE
die Sprache (-n) – language
Technologie – technology
der Tennisplatz (-plätze) – tennis court
Textverarbeitung – word processing
Turnen – gymnastics
die Übung (-en) – exercise
der Unterricht – teaching
Wirtschaftslehre – economics

Der Schulalltag (School routine)

Schools start earlier and finish earlier in Germany. It is not unusual to be home early most days. However, students in Germany receive more homework than you and there are fewer clubs. There is also no provision for school meals in Germany.

On a hot day, when the temperature rises above 30°C, there is *Hitzefrei*: students are sent home!

German students do not have to wear uniforms; however, some have to buy all their own exercise books and some of their text books.

1 Alltagsleben (Everyday life)

School Routine

ankommen *irreg sep* – to arrive
die Antwort (-en) – reply, answer
antworten – to reply
die Anwesenheit feststellen *sep* – to call the register
aufmachen *sep* – to open
aufschreiben *irreg sep* – to write down
aufstehen *irreg sep* – to stand up, to get up
der Austausch (-e) – exchange
auswendig lernen – to learn by heart
der Auszug (-züge) – extract
beginnen *irreg* – to begin
bestrafen – to punish
der Besuch (-e) – visit
die Bluse (-n) – blouse
der Chor (Chöre) – choir
dauern – to last
die Debatte (-n) – debate
diskutieren – to discuss, chat
erlauben – to allow, give
die Ferien *pl* – holiday
fragen (nach + dat) – to ask (for)
die Halbjahresferien *pl* – February half-term holiday
die Hausaufgaben *pl* – homework, prep
Hausaufgaben machen – to do one's homework

das Hemd (-en) – shirt
die Herbstferien *pl* – autumn half-term holiday
die Hose (-n) – pair of trousers
die Jacke (-n) – blazer
das Kleid (er) – dress
die Kleider *pl* – clothes
der Klub – club
kopieren – to copy
lernen – to learn, study at school
lesen *irreg* – to read
die Mannschaft (-en) – team
das Mittagessen (-) – midday meal
die Mittagspause (-n) – dinner hour
mogeln – to cheat
das Nachsitzen – detention
nachsitzen *irreg sep* – to be in detention
das Orchester (-) – orchestra
die Osterferien *pl* – Easter holiday
die Pause (-n) – break
die Pfingstferien *pl* – summer half-term holiday
der Pulli (-s) – pullover
der Pullover (-) – pullover
raten *irreg* – to guess
der Rock (Röcke) – skirt
ruhig sein *irreg* – to be quiet
sagen – to say, tell
der Schlips (-e) – tie

schreiben *irreg* – to write
der Schuh (-e) – shoe
zur Schule gehen *irreg* – to go to school
der Schüleraustausch – school exchange
schwänzen – to skive
die Socke (-n) – sock
die Sommerferien pl – summer holidays
Sport treiben *irreg* – to play sport
sprechen *irreg* – to speak
studieren – to study (at university)
die Strumpfhose (-n) – pair of tights
die Stunde (-n) – lesson
der Stundenplan (-pläne) – timetable
das Trimester (-) – term
der Unterricht – teaching
unterrichten *insep* – to teach
verbessern – to correct
der Verein (-e) – club
die Versammlung (-en) – assembly
Verspätung haben *irreg* – to be late
die Weihnachtsferien *pl* – Christmas holidays
die Wolljacke (-n) – cardigan

PROGRESS CHECK

Fülle die Lücken aus.

Ich gehe jeden ... in die Schule. Der ... beginnt um neun Uhr, und wir haben fünf ... pro Tag – vier am Vormittag und eine am ... Zweimal in der Woche gibt es eine ... in der Aula. Ich finde sie ziemlich ... Wir haben täglich zwei ... – vormittags um elf Uhr, und die Mittagpause ... fünfzig Minuten. Um halb vier ist die Schule ..., dann machen wir die ....

Hausaufgaben, Nachmittag, Unterricht, aus, Pausen, Tag, Stunden, Versammlung, dauert, langweilig

Ich gehe jeden Tag in die Schule. Der Unterricht beginnt um neun Uhr, und wir haben fünf Stunden pro Tag – vier am Morgen und eine am Nachmittag. Zweimal in der Woche gibt es eine Versammlung in der Aula. Ich finde sie ziemlich langweilig. Wir haben täglich zwei Pausen – vormittags um elf Uhr, und die Mittagspause dauert fünfzig Minuten. Um halb vier ist die Schule aus, dann machen wir die Hausaufgaben.

Conversation: Grades G–D

AQA A AQA B
EDEXCEL
OCR
WJEC
NICCEA

Was lernst du gern?	Ich lerne gern Mathe.
Warum?	Weil es interessant ist, und weil der Lehrer nett ist.
Was lernst du nicht so gern?	Ich finde Deutsch schwierig.

Good to change verbs in this way.

Gibt es viele Klubs in deiner Schule?	Wir haben Sportklubs und Musikklubs.
Wann beginnt der Unterricht?	Er beginnt um Viertel vor neun.
Wann bist du heute Morgen in der Schule angekommen?	Um halb neun.
Bist du mit dem Bus gekommen?	Nein, ich bin zu Fuß gekommen.

It is a good idea to try to include a past tense.

Wie viele Stunden hast du pro Tag?	Ich habe sechs Stunden – vier am Vormittag und zwei am Nachmittag.
Wie lange dauert eine Unterrichtsstunde?	Eine Unterrichtsstunde dauert fünfzig Minuten.
Gibt es am Vormittag eine Pause?	Ja.

More words = more marks.

	Ja, um Viertel vor elf gibt es eine Frühstückspause, dann gehe ich in die Kantine.
Was machst du mittags?	Ich gehe nach Hause, es sind nur zehn Minuten zu Fuß.
Wie ist die Uniform in deiner Schule?	Wir haben einen schwarzen Pullover und eine schwarze Hose. Die Uniform ist zu dunkel.
Wann ist die Schule aus?	Der Unterricht endet um halb vier.

Conversation: Grades C–A*

AQA A AQA B
EDEXCEL
OCR
WJEC
NICCEA

Wie sieht dein Tagesablauf aus?	Ich stehe gegen sieben Uhr auf, dann wasche ich mich und ich ziehe meine Uniform an. Dann frühstücke ich, Toast oder Cornflakes. Ich trinke auch Tee dazu.
Wann gehst du aus dem Haus?	Ich verlasse das Haus um Viertel nach acht und gehe zur Bushaltestelle. Ich muss mit dem Bus fahren, weil mein Haus nicht direkt bei der Schule liegt. Die Fahrt dauert ungefähr zehn Minuten.

Extending answers helps to gain extra marks.

1 Alltagsleben (Everyday life)

Show that you can use the past tense with *haben* and *sein*.

Was hast du heute Vormittag in der Schule gemacht?

Ich bin um Viertel vor neun ins Klassenzimmer gegangen und habe mit meinen Freunden geplaudert. Um neun Uhr hatte ich eine Technologiestunde, danach Mathematik.
Um zehn vor elf war Pause, und ich bin in die Kantine gegangen, um mir etwas zu kaufen.

Dann hatten wir noch zwei Stunden vor der Mittagspause.

Was hast du in der Mittagspause gemacht?

Ich habe in der Kantine gegessen, dann habe ich in der Bibliothek gearbeitet.

Wie ist deine Schule?

Die Schule ist sehr modern und hat viele Räume. Wir haben auch eine große Bibliothek und ein geheiztes Hallenbad. Neulich haben wir viele neue Computer bekommen, und jetzt kann man in den Pausen daran arbeiten.

KEY POINT   **Make use of man for general statements.**

Was lernst du gern?

Mein Lieblingsfach ist Informatik, weil ich später mit Computern arbeiten will. Aber ich lerne nicht gern Religion. Der Lehrer ist unausstehlich, und es ist schwierig, alles zu verstehen.

Was machst du nach der Schule?

Ab und zu gehe ich zum Sport. Heute Abend werde ich in den Hockeyklub gehen und hinterher zu meiner Freundin. Meine Hausaufgaben werde ich auch machen.

Use of the future: it is very important to find a way to include the details in this way.

Wie findest du die Hausaufgaben?

Manchmal zu schwierig, aber das hängt von den Lehrern ab. Manche Lehrer sind hilfsbereit, und dann finde ich die Hausaufgaben einfach. Aber für Religion sind die Hausaufgaben immer langweilig und schwierig.

Gibt es eine Uniform in deiner Schule?

Ja – ich finde sie zu dunkel und etwas eng. Wir haben eine gestreifte Jacke und einen grauen Rock (nur für Mädchen, die Jungen tragen eine graue Hose).
Es wäre besser, wenn wir unsere eigenen Kleider tragen könnten, alte Jeans und so. Das deutsche System ist besser.

Use of conditional – excellent!

1.3 Home

After studying this section, you will be able to:
- ● *write and talk about your house and its furnishings*
- ● *understand someone describing their house*
- ● *talk about your ideal home*

Das Leben zu Hause (Life at home)

 AQA A   AQA B
EDEXCEL
OCR
WJEC
NICCEA

A description of your house is a good starting point for discussions about where you live. The topic is ideal for your speaking assessment and you could also consider submitting a letter on house exchanges as part of your coursework. It is also worth noting that most families in Germany live in rented accommodation, and you may also discover large houses with several families living on different floors, including the attic.

House and home

angenehm – pleasant
die Aussicht (-en) – view
der Bauernhof (-höfe) – farm
bequem – comfortable
der Besitzer (-) – owner
der Bewohner (-) – resident
das Dach (Dächer) – roof
das Doppelhaus (-häuser) – semi-detached house
eigen – own
das Einfamilienhaus (-häuser) – detached house
der Eingang (-gänge) – entrance
elegant – elegant
im Erdgeschoss – on the ground floor
im ersten Stock – on the first floor
funkelnagelneu – brand new
das Gebäude (-n) – building
das Geländer (-) – banisters
gemütlich – cosy

der Griff (-e) – handle
die Haustür (-e) – (front) door
der Kamin (-e) – fireplace, chimney
im Keller – in the basement
die Lage – situation
das Land – country (not town)
laut – noisy
die Mauer (-n) – wall (external)
das Meer (-e) – sea
die Miete (-n) – rent
der Mieter (-) – tenant
möbliert – furnished
modern – modern
oben – upstairs
die Postleitzahl (-en) – postcode
praktisch – practical
privat – private
das Reihenhaus (-häuser) – terraced house
ruhig – quiet, peaceful

die Sackgasse (-n) – cul-de-sac
schmutzig – dirty
seltsam – odd, strange
die Sozialwohnung (-en) – council housing
das Studio (-s) – bedsit
teuer – dear, expensive
die Treppe (-n) – staircase
unten – downstairs
das Viertel (-) – district of town or city
der Vorort (-e) – suburb
der Wohnblock (-s) – block of flats
der Wohnort (-e) – place of residence
die Wohnung (-en) – flat
die Zentralheizung – central heating
in gutem Zustand – in good condition

die Uhr

die Stereoanlage

das Bett

Rooms and furnishings

der Abfalleimer (-) – rubbish bin (indoors)

das Arbeitszimmer (-) – study

das Badetuch (-tücher) – bath towel

die Badewanne (-e) – bath (tub)

das Badezimmer (-) – bathroom

das Besteck – cutlery

das Bett (-en) – bed

der Bezug (Bezüge) – duvet cover

mit Blick auf den Garten – overlooking the garden

mit Blick auf die Straße – overlooking the street

das Bügelbrett (er) – ironing board

der CD-Spieler (-) – CD player

der Computer (-) – computer

der Couchtisch (-e) – coffee table

der Dachboden (-böden) – attic, loft

die Diele (-n) – hall

der Dosenöffner (-) – can opener

die Dusche (-n) – shower

der Elektroherd (-e) – electric cooker

das Esszimmer (-) – dining-room

der Fernseher (-) – television set

der Flaschenöffner (-) – bottle opener

der Föhn (-e) – hairdryer

die Gabel (-n) – fork

die Garage (-n) – garage (domestic)

die Gardine (-n) – net curtain

das Gemälde (-) – painting

das Geschirr – crockery

die Haarbürste (-n) – brush

das Handtuch (-tücher) – towel

die Kaffeekanne (-n) – coffee pot

der Kamin (-e) – fireplace

der Kamm (Kämme) – comb

der Keller (-) – basement, cellar

die Kerze (-n) – candle

das Kinderzimmer (-) – playroom

das Kissen (-) – cushion

der Kleiderschrank (-schränke) – wardrobe

die Klingel (-n) – doorbell

das Klo – toilet, loo

das Kopfkissen (-) – pillow

der Korkenzieher (-) – corkscrew

die Küche (-n) – kitchen

der Kühlschrank (-schränke) – fridge

das Laken (-) – sheet

der Löffel (-) – spoon

das Messer (-) – knife

der Mikrowellenherd (-e) – microwave (oven)

die Mülltonne (-n) – rubbish bin (outside the house)

der Ofen (Öfen) – oven

der Radiowecker (-) – radio clock

der Rasenmäher (-) – lawnmower

das Schlafzimmer (-) – bedroom

der Schlüssel (-) – key

der Schnellkochtopf (-töpfe) – pressure cooker

der Schrank (Schränke) – cupboard

die Schüssel (-n) – bowl

die Seife – soap

der Sessel (-) – easy chair

das Sofa (-s) – sofa, settee

der Spiegel (-) – mirror

das Spielzeug *no pl* – toys

das Spülbecken (-) – sink

die Spülmaschine (-n) – dishwasher

der Staubsauger (-) – vacuum cleaner

die Steppdecke (-n) – duvet, quilt

die Stereoanlage (-n) – stereo system

das Tablett (-s) – tray

die Tasse (-n) – cup

die Teekanne (-n) – teapot

das Telefon (-e) – telephone

der Teller (-) – plate

der Teppich (-e) – rug, carpet (not fitted)

der Teppichboden (-böden) – fitted carpet

die Terrasse (-n) – patio, terrace

die Tiefkühltruhe (-n) – freezer

die Toilette (-n) – toilet

der Topf (Töpfe) – saucepan

die Treppe – (a flight of) stairs

das Treppenhaus (-häuser) – staircase

die Uhr (-en) – clock

die Untertasse (-n) – saucer

der Vorhang (-hänge) – curtain

das Waschbecken (-) – wash basin

der Wäschetrockner (-) – tumble dryer

die Waschküche (-n) – utility room

der Waschlappen (-) – flannel

die Waschmaschine (-n) – washing machine

der Wasserhahn (-hähne) – tap

das Werkzeug *no pl* – tools

der Wintergarten (-gärten) – conservatory

das Wohnzimmer (-) – living room, lounge

die Wolldecke (-n) – blanket

die Badewanne

die Dusche

der Kamm

die Küche

Helping at home

aufräumen *sep* – to tidy up

die Betten machen – to make the beds

im Garten arbeiten – to work in the garden

die Haustiere füttern – to feed the pets

die Hunde spazieren führen – to walk the dog

kochen – to cook, to prepare the meals

polieren – to polish

schälen – to peel

staubsaugen *sep* – to hoover

den Tisch abwischen – to clear the table

den Tisch decken – to set the table

1.4 Grammar

LEARNING SUMMARY

After studying this section you should be able to:

- *understand grammatical terms*
- *use and understand the accusative case properly*
- *understand and use adjectives correctly*
- *understand and use the present tense of verbs correctly*

You should be familiar with many of the grammatical terms used throughout this book, e.g. noun, verb, adjective, adverb. The three main points of German grammar are:

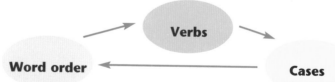

Word order → **Verbs** → **Cases**

All three are interconnected, and when you have a thorough understanding of each then you know the rules of sentence construction in German. You will receive extra credit in the GCSE examination for accuracy. The rules have been divided into manageable pieces. As you acquire each new technique and practise the exercises, your confidence will grow and your ability to write and speak fluently will also develop. The more rules you are able to understand, the more marks you will receive.

Definite and indefinite article

In English the definite article is 'the' and is always the same. In German all nouns belong to one of three groups or **genders**. Genders are either masculine, feminine or neuter.

Genders can be confusing, e.g. *das Baby* (i.e. neuter) even if the word refers to a baby girl or a baby boy, or *die Person* (feminine) even if it refers to a man. You will have to learn the genders of nouns very carefully as you must not write English words in your work. There are some German words which have been taken from English, e.g.:

der Computer	das Radio	der Hindu
der Ball	das Aids	die Party

The indefinite article is used in the same way as the definite article, but it means 'a'. Again all nouns have their own indefinite articles and must be learned. There is no plural for 'a'.

> **KEY POINT**
> The word **kein** means 'not' or 'not any'. **Kein** follows the same pattern as **ein**.

Cases

As previously mentioned, you need to know your case tables (see page 25), and they must be memorised. Write them on postcards and practise writing them out as often as possible. You can always do this before your writing exam so that you have a prompt to assist you.

der/die/das table				
	Masculine	**Feminine**	**Neuter**	**Plural**
Nominative	der	die	das	die
Accusative	den	die	das	die
Genitive	des ...(e)s	der	des ...(e)s	der
Dative	dem	der	dem	den ...n
kein/keine/kein table				
	Masculine	**Feminine**	**Neuter**	**Plural**
Nominative	kein	keine	kein	keine
Accusative	keinen	keine	kein	keine
Genitive	keines ...(e)s	keiner	keines ...(e)s	keiner
Dative	keinem	keiner	keinem	keinen ...n

Which case when?

The nominative case

1. This is used for the subject of the sentence – the subject is the person or thing that is doing the action.
   e.g. *Der Mann verlässt das Haus.*
   Ein *Baby ist im Park.*
2. This is also used after the verbs *sein* and *werden*
   e.g. *Er ist **ein** guter Lehrer*

The accusative case

1. This is used after most verbs and is called the direct object.

    e.g. *Ich habe **einen** Bruder.*
    *Hast du **deine** Hausaufgaben gemacht?*

2. It is also used after certain prepositions (see page 24).
    e.g. *Der Bus fährt um **die** Ecke.*

3. Expressions of time are always in the accusative case.
    e.g. ***jeden** Tag* – every day
    ***letztes** Jahr* – last year
    ***nächsten** Montag* – next Monday
    ***Gute** Nacht* – good night

The genitive case

1. This is the case of possession and is used where we use apostrophe 's' in English.

    e.g. *Das Buch **des** Mannes* – the man's book
    *Das Haus **der** Familie* – the family's house

2. It is also used after certain prepositions.

    *e.g. wegen **der** Hitze* – because of the heat
    *während **meines** Urlaubs* – during my holiday

The dative case

1. The dative case is used after many prepositions (see page 66).

    e.g. *Mein Haus liegt in **der** Innenstadt.*
    *Hier ist ein Brief von **meiner** Mutter.*

2. It is also used after certain verbs:

    geben, verkaufen, schenken, schreiben, zeigen, erzählen, senden, schicken, bieten
    e.g. *Ich habe **meinem** Freund eine Karte geschickt.*
    *Er hat **mir** einen guten Preis geboten.*

PROGRESS CHECK

Identify the case in the following sentences:
1. <u>Mein bester Freund</u> hat <u>ein Haus für seine Mutter</u> gekauft.
2. <u>Wir</u> haben <u>in dem Haus des Schulleiters</u> gewohnt.
3. <u>Er</u> hat <u>dem kleinen Baby einen Teddybär</u> gegeben.

Which case is needed?
4. ... Vater wohnt neben ... Hotel.
5. ... Lehrer hat ... Klasse ... Hausaufgaben gegeben.

1. mein bester Freund	Nominative
ein Haus	Accusative
für seine Mutter	Accusative
2. Wir	Nominative
in dem Haus	Dative
des Schulleiters	Genitive
3. Er	Nominative
dem kleinen Baby	Dative
einen Teddybär	Accusative
4. Nominative Vater; neben Dative	
5. Nominative Lehrer; Dative Klasse; Accusative Hausaufgaben	

PROGRESS CHECK

Choose the correct word:
1. Ich habe ... Schwestern. (keine, keinen, kein)
2. Um wieviel Uhr fährt ... Bus ab? (der, den, die)
3. Wir haben ... Party organisiert. (der, die, das)
4. Das ist das Motorrad ... Bruder. (meiner, meinem, meines)
5. Hast du ... neuen Film gesehen? (dem, den, die)
6. Wir fahren mit ... Bus nach London. (dem, den, die)

1. Ich habe keine Schwestern. 2. Um wieviel Uhr fährt der Bus ab? 3. Wir haben die Party organisiert. 4. Das ist das Motorrad meines Bruders. 5. Hast du den neuen Film gesehen? 6. Wir fahren mit dem Bus nach London.

The accusative case

This case is used after most verbs, however it is also used after the following prepositions:

durch – through   *um* – around, concerning
ohne – without   *für* – for
gegen – against, towards *entlang* – along
wider – contrary to   *bis* – until

e.g. *Der Bus fährt* durch *die Stadt.*

KEY POINT

Try to use this mnemonic to help you to learn these prepositions:
DOGWUFE B

PROGRESS CHECK

Fill in the correct accusative case:
1. Wir fahren ohne ... Freunde auf Urlaub. (our)
2. Gegen ... Wunsch ist er nach London gefahren. (my)
3. Hier ist etwas für ... Baby. (your)
4. Wir gehen ... Strand entlang. (the)
5. Er hat ein Tor für ... Mannschaft geschossen. (the)

1. Wir fahren ohne unsere Freunde in Urlaub. 2. Gegen meinen Wunsch ist er nach London gefahren. 3. Hier ist etwas für Ihr Baby. 4. Wir gehen den Strand entlang. 5. Er hat ein Tor für die Mannschaft geschossen.

Adjectives

Adjectives are describing words:

e.g. *blau* – blue, *nett* – nice, *freundlich* – friendly

When used after a verb there are no endings:

e.g. *meine Mutter ist* **freundlich**
mein Vater wird **alt**

However, when an adjective is used in front of a noun, it usually* has an ending:

e.g. *Ich habe ein groß**es** Haus gekauft.*
*Er trägt gern eine blau**e** Jacke.*

* There are a few exceptions:

lila – ein **lila** *T-shirt*

*rosa – eine **rosa** Jeans*
*prima – ein **prima** Buch*

Adjective endings can be classified like your case tables and need to be memorised thoroughly:

der/die/das table				
	Masculine	**Feminine**	**Neuter**	**Plural**
Nominative	-e	-e	-e	-en
Accusative	-en	-e	-e	-en
Genitive	-en	-en	-en	-en
Dative	-en	-en	-en	-en

e.g. *Wir wohnen in dem groß**en** Wohnwagen.* (*Wohnwagen* is masculine and needs the dative case, therefore the match in the table is **en**.)

These endings are also used with:

dieser – this   *welcher?* – which?
solcher – such   *mancher* – many a
jeder – each

kein/keine/kein/keine table				
	Masculine	**Feminine**	**Neuter**	**Plural**
Nominative	-er	-e	-es	-en
Accusative	-en	-e	-es	-en
Genitive	-en	-en	-en	-en
Dative	-en	-en	-en	-en

e.g. *Er hat ein schön**es** Haus gekauft.* (*Haus* is neuter and the verb is followed by the accusative case, therefore the match in the table is *-es*.)

The same endings are also used after:

mein – my   *unser* – our   *Ihr* – your
dein – your   *euer* – your   *alle* – all
sein – his   *ihr* – their   *beide* – both
ihr – her

PROGRESS CHECK

Fülle die Lücken aus:
1. Unsere neu… Lehrerin hat ein blau… Auto.
2. Der alt… Mann wohnt bei seiner jünger… Schwester.
3. Alle klein… Kinder sollten viel Obst essen.
4. Mein best… Freund hat neulich ein groß… Motorrad von unserem nett… Deutschlehrer gekauft.

4. Mein bester Freund hat neulich ein großes Motorrad von unserem netten Deutschlehrer gekauft.
3. Alle kleinen Kinder sollten viel Obst essen.
2. Der alte Mann wohnt bei seiner jüngeren Schwester.
1. Unsere neue Lehrerin hat ein blaues Auto.

The present tense

AQA A   AQA B
EDEXCEL
OCR
WJEC
NICCEA

When we use the present tense of verbs in English, we can do this in a variety of ways: e.g. 'I buy, I am buying, I do buy'.

In German there is only one form of the present tense:

e.g. *ich kaufe*

The infinitives of verbs in German are easy to recognise because they end in *-en*. Verbs in German can be divided into six groups:

Regular Verbs	Irregular Verbs	Regular Sep. Verbs	Irregular Sep. Verbs	Regular Reflex. Verbs	Irregular Reflex. Verbs

Regular verbs

1. First look up the verb which you wish to use – use the dictionary or the word list in the chapter. The form of the verb you will find is called the infinitive:

   e.g. *kaufen* – to buy

2. Take off the *-(e)n* and this leaves the stem:

   e.g. *kauf-*

3. Add the correct ending to the stem:

ich kaufe – I buy	*man kauft* – one buys
du kaufst – you buy	*wir kaufen* – you buy
er kauft – he buys	*ihr kauft* – you buy
sie kauft – she buys	*sie kaufen* – they buy
es kauft – it buys	*Sie kaufen* – you buy

4. Some verbs add an extra *e* to the stem:

   e.g. *antworten* ➡ *du antwortest.*

PROGRESS CHECK

Übersetze ins Englische:

1. Ich lerne Französisch.
2. Wir kommen aus England.
3. Meine Schwester singt gern.
4. Wir machen einen Spaziergang.
5. Er spielt Golf.
6. Machst du deine Hausaufgaben?
7. Die Reise dauert zehn Minuten.
8. Was braucht ihr?

1. I am learning French. 2. We come from England. 3. My sister likes to sing. 4. We are going for a walk. 5. He plays golf. 6. Are you doing your homework? 7. The journey takes ten minutes. 8. What do you need?

Übersetze ins Deutsche:

1. She plays hockey.
2. We are going on a shopping trip.
3. They are learning English.
4. Is it raining?
5. Do you need help?
6. My parents listen to jazz.
7. Do you get pocket money?
8. Do you play snooker, Herr Fischer?

1. Sie spielt Hockey.   2. Wir machen einen Einkaufsbummel.   3. Sie lernen Englisch.
4. Regnet es?   5. Brauchen Sie Hilfe?   6. Meine Eltern hören Jazz.   7. Bekommst du
Taschengeld?   8. Spielen Sie Snooker, Herr Fischer?

Haben and *sein*

Both of these verbs are very important (see Chapter 2) and they are also very irregular. They do **not** follow the same pattern as regular verbs and **must** be learned very carefully.

haben – to have		*sein* – to be	
ich habe	*wir haben*	*ich bin*	*wir sind*
du hast	*ihr habt*	*du bist*	*ihr seid*
er hat	*sie haben*	*er ist*	*sie sind*
sie hat		*sie ist*	
es hat		*es ist*	
man hat	*Sie haben*	*man ist*	*Sie sind*

Haben or *sein*?
1. Es ... bewölkt.
2. ... sie einen Bruder?
3. Meine Mutter ... Sekretärin.
4. Ich ... hungrig.
5. ... Sie verheiratet?

1. Es ist bewölkt.   2. Hat sie einen Bruder?   3. Meine Mutter ist Sekretärin.   4. Ich bin hungrig.
5. Sind Sie verheiratet?

Present tense of irregular verbs

1. The endings are usually the same (see page 26) as a regular verb (e.g. *kaufen*).
2. The verbs are irregular in the *du, er/sie/es/man* parts where there is usually a vowel change.

Vowel changes

a ➡ ä	e ➡ i	e ➡ ie
fahren – to travel/go	*essen* – to eat	*empfehlen* – to recommend
tragen – to wear	*nehmen* – to take	*lesen* – to read
schlafen – to sleep	*brechen* – to break	*stehlen* – to steal
fallen – to fall	*geben* – to give	
halten – to stop	*helfen* – to help	
waschen – to wash	*sprechen* – to speak	
laufen – to run	*sterben* – to die	
	werfen – to throw	
	treffen – to meet	
	vergessen – to forget	

e.g. *du fährst* – you go, you travel, you drive

er bricht – he breaks, he is breaking

sie liest – she reads, she is reading

PROGRESS CHECK

Übersetze ins Deutsche:

1. My brother likes to eat.
2. You forget everything.
3. What are you wearing on Friday?
4. They wash the car.
5. My mother is reading.

1. Mein Bruder isst gern. 2. Du vergisst alles. 3. Was trägst du am Freitag? 4. Sie waschen das Auto. 5. Meine Mutter liest.

When you are using verbs, **check** verb endings very carefully. When you are talking about yourself, verbs will end in *-e*; when you are talking about someone else, verbs will end in *-et* or *-t*.

Here are two sample conversations showing good use of verbs:

1. Kannst du mir etwas über dich sagen?

   Ich **heiße** Monica Smith und **bin** sechzehn Jahre alt. Ich **wohne** in Manchester. Ich **habe** einen Bruder. Er **heißt** Peter. Ich **lese** gern Comics und **gehe** gern mit Freunden aus. In der Schule **lerne** ich gern Mathe und Chemie. Ich **finde** Englisch schwierig. Zu Hause **habe** ich ein gutes Verhältnis zu meinen Eltern. Ich **bespreche** alles mit meiner Mutter. Ich **kriege** auch Taschengeld – fünf Pfund die Woche, und ab und zu **helfe** ich im Haushalt.

2. Kannst du mir etwas über deinen Bruder sagen?

   Er **heißt** Lance und **ist** vierzehn Jahre alt. Er **hat** viele Hobbys – er spielt gern Fußball, und er **programmiert** gern seinen Computer. Er **geht** in meine Schule, aber wir **sehen** uns nicht so oft. Er **lernt** gern Informatik und **findet** Mathe leicht. Lance **geht** mir auf die Nerven. Er **kommt** oft in mein Zimmer und **nimmt** meine CDs. Lance **kommt** gut mit unserem Vater aus. Sie **gehen** oft zusammen zu Fußballspielen.

Separable verbs

AQA A AQA B
EDEXCEL
OCR
WJEC
NICCEA

Separable verbs have a prefix added to the infinitive form. When using separable verbs, the prefix separates from the main part of the verb. The prefix goes to the **end** of the sentence:

e.g. *aufmachen* – to open

Ich mache das Fenster auf. – I am opening the window.
Verbs from this group should be learned carefully.

Word order

Look carefully at the following examples to note what happens to the separable prefix:

Ich gehe am Samstag aus.
Ich bin am Samstag ausgegangen. (Chapter 2)
Ich werde am Samstag ausgehen. (Chapter 2)
Ich kann am Samstagabend ausgehen. (Chapter 2)
Ich weiß, dass du heute Abend ausgehst. (Chapter 2)

Separable verbs

abfahren – to leave	*einwerfen* – to post
anfangen – to start	*fernsehen* – to watch TV
ankommen – to arrive	*fortbleiben* – to stay away
anrufen – to telephone	*mitgehen* – to go with
anziehen – to put on	*Rad fahren* – to ride a bicycle
aufhören – to stop, to cease	*Ski laufen* – to ski
aufmachen – to open	*stattfinden* – to take place
aufschreiben – to write down	*teilnehmen* – to take part
aufwachen – to wake up	*umsteigen* – to change
aufstehen – to get up	*umziehen* – to change
ausgehen – to go out	*weggehen* – to go away
aussteigen – to get off	*zuhören* – to listen
ausziehen – to take off	*zumachen* – to close
einladen – to invite	*zurückgehen* – to go back
einschlafen – to fall asleep	*zurückkommen* – to come back
einsteigen – to get on	

Sample GCSE questions

Speaking

Role-play 1

You are discussing your family in a German school.

1. Say that you have one brother. His name is Michael.
2. Say that he is a student.
3. Say that he is quite tall and has black hair.
4. Say that you sometimes disagree.
5. Ask whether the other person has brothers or sisters.

Examiner's role and suggested answers

Examiner	*Hast du Geschwister, Peter?*
Candidate	*Ich habe einen Bruder. Er heißt Michael.*
Examiner	*Was macht er?*
Candidate	*Er ist Schüler.*
Examiner	*Kannst du ihn beschreiben?*
Candidate	*Er ist ziemlich groß und hat schwarze Haare.*
Examiner	*Kommst du gut mit ihm aus?*
Candidate	*Wir haben manchmal Streit.*
	Hast du Geschwister?

> *Sometimes you have to take the lead in role-plays.*

Role-play 2

You are talking to a friend about school.

> *There are lots of ways to do this.*

1. Say that you like school.
2. Say that you like maths.
3. Answer the question.
4. Say that you have rolls in your bag.
5. Say that you have homework to do.

Examiner's role and suggested answers

Examiner	*Wie findest du die Schule?*
Candidate	*Die Schule macht mir Spaß.*
Examiner	*Was sind deine Lieblingsfächer?*
Candidate	*Ich lerne gern Mathe.*
Examiner	*Seit wann lernst du Deutsch?*
Candidate	*Seit vier Jahren.*
Examiner	*Hast du etwas für die Frühstückspause mitgebracht?*
Candidate	*Ich habe Brötchen in meiner Tasche.*
Examiner	*Was machst du heute Abend?*
Candidate	*Ich habe viele Hausaufgaben.*

> *Seit wann – 'for how long' – will always be required. Be ready for it in this and other topics.*

Sample GCSE questions

Role-play 3

Your Austrian penpal is in England and is surprised that students have to wear school uniform. S/he thinks it somewhat silly and outdated. You are convinced that it is a good idea.

a) Beschreiben Sie Ihre Uniform.

b) Sagen Sie, dass es eine gute Idee ist.

c) Geben Sie Gründe dafür.

Examiner's role and suggested answers

Examiner	Ich finde es doof, dass Schüler eine Uniform tragen müssen. Für mich ist es altmodisch.
Candidate	Für mich nicht. Ich finde die Uniform ganz praktisch.
Examiner	Wieso? Eine Jacke und einen Schlips tragen - das ist doch zu eng!
Candidate	Hier in der Schule sehen alle Kinder gleich aus. Es gibt weniger Probleme, wenn alle dieselben Kleider tragen müssen. Für mich ist die Schule keine Modenschau.
Examiner	Aber es ist unbequem. Besonders im Sommer, wenn es heiß ist ...
Candidate	Wir haben auch eine Sommeruniform - ohne Schlips und ohne Jacke. Im Winter, wenn es kalt ist, ist die Jacke praktisch.
Examiner	Kommt darauf an. Es ist auch warm, wenn man Jeans und T-Shirts trägt.
Candidate	Aber wie sehen die Kinder in deiner Schule aus?
Examiner	Es ist natürlich sehr bunt.
Candidate	In England hat niemand etwas gegen die Uniform. Sie ist praktisch, und man weiß am Abend vorher, was man am nächsten Tag anziehen wird. In Schulen, in denen eine Uniform getragen wird, gibt es kaum Probleme damit. Wir haben natürlich unsere eigenen Kleider für das Wochenende. Wenn man älter ist und in einem Büro arbeitet, trägt man meist auch eine Uniform. Es gibt doch viele Berufe, für die eine Uniform nötig ist. In der Schule ist es auch eine gute Idee.
Examiner	Vielleicht hast du Recht!

Chance to offer opinions: well done!

There is the chance for you to control this role-play by asking questions. You should do this as it shows that you can use the language successfully.

Sample GCSE questions

Role-play 4 TRACK 5

Du bist neulich umgezogen und telefonierst mit einem Freund/einer Freundin.

1. Say who is calling and ask how s/he is.

2. Say that the new house is smaller.

3. Say that it is in a suburb of London called Hounslow.

4. Say that your room is blue and comfortable.

5. Ask when your friend would like to visit.

> Rooms are described as gemütlich; *furniture is described as* bequem.

Examiner's role and suggested answers

Examiner	Hallo, hier Müller. Wer ist am Apparat?
Candidate	Hier ist Peter. Wie geht´s?
Examiner	Danke, gut. Und - wie ist das neue Haus?
Candidate	Es ist kleiner als unser altes Haus.
Examiner	Wo liegt es genau?
Candidate	In einem Vorort von London, der Hounslow heißt.
Examiner	Wie ist dein Schlafzimmer?
Candidate	Es ist blau und sehr gemütlich.
	Und wann willst du mich mal besuchen kommen?

> Chance to ask questions: important at this level. Nächsten Samstag?

Exam practice questions

Listening

1

You have just arrived at your German penfriend Paul's house. Paul's mother is showing you round for the first time. Complete the details below about what she tells you. You should write your notes in English.

a) From the window of your room you can see .... (three things) **[1]**

b) The bathroom is .... near Paul's room. **[1]**

c) The bathroom is equipped with .... (two things) **[2]**

d) Breakfast is at .... (time) **[1]**

e) Breakfast will be served in .... (place) **[1]**

Reading

1

This letter is taken from a magazine's problem page.

Älterer Bruder

LESERIN: Ich habe ein Problem. Mein Bruder ärgert mich oft. Er nimmt oft mein Glas, wenn ich trinken will. Auch glaubt er, mir befehlen zu können, nur weil er älter ist. Weil er das macht, werde ich immer nervös, wenn er in der Nähe ist. Aber trotzdem mag ich ihn. Ich würde ihn gern bessern, aber ich weiß nicht wie. Vielleicht mache ich auch etwas falsch. Wissen Sie Rat?

---

a) Who is annoying the reader? ....[1]

b) Name one annoying thing he does. ....[1]

c) Why doesn't the reader do anything about it? ....[1]

Exam practice questions

2

ZOFF!
Die neue Jugendsendung

Kennt ihr das? Ihr habt Ärger mit eurem Vater. Streit mit eurer besten Freundin, und niemand hilft euch. Für deutsche Jugendliche gibt es jetzt eine neue Fernsehsendung, die bei diesem Problem hilft. In Zoff sagen streitende Jugendliche ihre Meinung – kontrovers engagiert und ehrlich. Das jugendliche Publikum entscheidet, wer recht hat und wie der Streit beendet werden kann. Der Zoff Moderator Jürgen Blaschke sagt. „Zoff ist eine Jugendsendung, von der auch Erwachsene viel lernen können."

(a)   Wovon handelt die neue Sendung?   **[1]**

(b)   Was dürfen die Zuschauer während der Sendung machen?   **[1]**

(c)   Was für Rat kann man bekommen?   **[1]**

(d)   Warum sollen Erwachsene die Sendung auch zuschauen?   **[1]**

3

ÄRGER MIT DEN ELTERN!

Matthias, 16 Jahre
Ich bekomme Fernsehverbot von meinen Eltern, wenn ich mich mit meiner Schwester streite.

Katrin, 15 Jahre
Wenn ich etwas Böses mache, muss ich meinen Eltern im Haushalt helfen. Ich bekomme dann auch kein Taschengeld!

Sebastian, 15 Jahre
Wenn ich meine Hausaufgaben nicht richtig mache, ärgert sich meine Mutter. Da gibt's dann Telefonverbot und ich muss allein auf meinem Zimmer bleiben.

Exam practice questions

Wer sagt das?

Kreuze die richtige Antwort an **✗**.

	Matthias	Katrin	Sebastian	
Beispiel: Ich bekomme kein Taschengeld von meinen Eltern.		✗		
a) Ich darf meine Klassenkameraden nicht anrufen.				[1]
b) Ich muss aufräumen und putzen.				[1]
c) Ich darf meine Lieblingssendungen nicht sehen.				[1]
d) Ich darf nicht zusammen mit der Familie sein.				[1]

Edexcel 2000

Writing

1 Ein Freund in deiner Schule hat einen Brief von einem deutschen Jungen bekommen, den er in Spanien kennengelernt hat.

Schreib ihm auf Deutsch.

Schreib 10 Dinge.

Dear Ben!

I hope you haven´t forgotten me! I´m Jürgen Schröder and you gave me your address in Seville in the summer when we were on holiday together in Spain. How are you and your family? I´m well and my family, too.

How was your journey back to Britain? How long did it take? We just went on the motorway and stopped some times and it was quite boring, really. I was on a ferry to Dover with our class on a trip one time last year and it was OK. What did you do on the ferry?

But now we are in school again and I´m learning new subjects. What will you study next year? Do you have plans for when you are leaving school when you are 18? I don´t know … I think journalism is probably not bad.

You know, we see lots of films from England and America here in Germany. I´ve seen last week ` Hercules´. It was very good, I think. What films have you seen in the last weeks? Tell me what you thought of them.

Now I hope you will write back to me. Can you write in German? Bye!

Jürgen

[20]

WJEC 1999

Exam practice questions

2 Beschreibe dein Haus! Beantworte die Fragen! Beschreibe 5 Dinge!
Die Bilder sollen dir helfen.

(i)   Wo liegt es?

(ii)   Wie ist es?

(iii)   Was für Zimmer hat es?

(iv)   Und sonst (2 Dinge)?

[10]

WJEC 2000

Freizeit und Hobbys

(Leisure and hobbies)

The following topics are covered in this chapter:

- Sports
- Television
- Famous people
- Grammar

- Leisure
- Cinema
- Music

2.1 Sports

LEARNING SUMMARY

After studying this section you should be able to:

- **talk about your interest in sports**
- **deal with a variety of role-play situations**
- **write and talk about your interests in sports**
- **read information about sporting facilities in a German-speaking country**

Sportarten (Types of sport)

AQA A   AQA B
EDEXCEL
OCR
WJEC
NICCEA

Germany has produced a number of world-class sportsmen and women. You will know many of the following: Boris Becker, Franz Beckenbauer, Steffi Graf, Michael Schumacher, Ralph Schumacher, Bernhardt Langer, Jan Ullrich, Markus Babbel, Christian Ziege, Lothar Matthäus, and Katja Seizinger. There are also a number of other famous personalities from the world of music, show business and fashion, e.g. Nena, Karl Lagerfeld and Wolfgang Joop. Many German television stations can be received through a satellite system, and this is an excellent source of listening material for the GCSE examination.

das Segeln

das Reiten

der Wintersport

Sporting activities

das Angeln – fishing
angeln gehen *irreg* – to go fishing
der Boxsport – boxing
das Darts – darts
das Drachenfliegen – hang-gliding
der Fußball – football
gewinnen *irreg* – to win
die Gymnastik – gymnastics
der Hochsprung – highjump
die Kampfsportarten *pl* – martial arts
das Kegeln – bowling
der Korbball – netball
laufen *irreg* – to run
die Leichtathletik – athletics
die Mannschaft (-en) – team
der Meister (-) – champion
die Meisterschaft (-en) – championship

das Radfahren – cycling
Rad fahren *irreg* – to cycle
eine Radfahrt machen – to go cycling
reiten *irreg* – to go horseriding
das Reiten – horseriding
Rollschuh fahren *irreg* – to rollerskate
das Rollschuhlaufen – rollerskating
das Schlittschuhlaufen – iceskating
Schlittschuh laufen *irreg* – to skate
schwimmen *irreg* – to swim
das Segeln – sailing
segeln – to go sailing
Ski fahren *irreg* – to ski
das Skilaufen – skiing

spazieren gehen *irreg* – go for a walk
das Spiel (-e) – match, game
der Spieler (-) – player
Sport treiben *irreg* – to do sport
das Tischtennis – table tennis
das Tor (-e) – goal
ein Tor schießen *irreg* – to score a goal
das Tournier (-e) – tournament
wandern – to hike
der Wassersport – watersports
der Weitsprung – long jump
der Wettbewerb (-e) – competition
das Windsurfen – windsurfing
windsurfen – to windsurf
der Wintersport – wintersports

2.2 *Leisure*

LEARNING SUMMARY

After studying this section you should be able to:

● *talk and write about your interests other than sport*

Freizeitaktivitäten (Leisure activites)

AQA A   AQA B
EDEXCEL
OCR
WJEC
NICCEA

das Kochen

Leisure activities

aufmachen *sep* – to open
der Ausflug (Ausflüge) – outing
die Ausstellung – exhibition
der Bildschirm (-e) – screen, monitor
der CD-ROM (-s) – CD ROM
der Computer (-) – computer
das Computerspiel (-e) – computer/video game
das Damespiel – draughts
die Datei – database, file
die Disco (-s) – disco
die Diskette (-n) – disk
drucken – to print
der Drucker (-) – printer
die Eisbahn – ice rink
die Festplatte (-n) – hard disk
formatieren – to format
das Fotografieren – photography
das Freibad (-bäder) – lido, outdoor swimming pool

das Gesellschaftsspiel (-e) – board game
das Hallenbad (-bäder) – indoor swimming
das Jugendzentrum (-zentren) – youth club
die Karten *pl* – cards
die Kegelbahn – bowling alley
das Kino (-s) – cinema
das Kochen – cooking
das Konzert (-e) – concert
das Kreuzworträtsel (-) – crossword
die Kunstgalerie (-n) – art gallery
laden *irreg* – to load
die Lektüre – reading
das Malen – painting
die Maus (Mäuse) – mouse
der Nachtklub (-s) – night club
das Nähen – sewing

die Party (-s) – party (celebration)
die Sammlung – collection
das Schach – chess
das Schwimmbad (-bäder) – swimming pool
speichern – to save
der Sportplatz (-plätze) – sports ground
das Sportzentrum (-zentren) – sports centre
das Stadion (Stadien) – stadium
die Tastatur (-en) – keyboard
die Textverarbeitung – word processing
das Theater – theatre
der Verein (-e) – club, society
das Zeichnen – drawing
die Zeitschrift – magazine
der Zirkus (se) – circus
der Zoo (-s) – zoo

Conversation: Grades G–D

AQA A **AQA B**
EDEXCEL
OCR
WJEC
NICCEA

Was für Hobbys hast du?	Ich bin ziemlich sportlich. Ich spiele Fußball.
Spielst du hier in der Schule?	Ja, ich spiele für die Schulmannschaft und außerdem in einem Verein.
Wann spielst du?	Montagabends für die Schule und samstags in meinem Verein.
Seit wann spielst du Fußball?	Seit zehn Jahren.
Hast du noch andere Hobbys?	Ich sehe gern fern. Meine Lieblingssendung ist die Simpsons.
Wie findest du sie?	Sehr witzig. Die beste Figur ist Bart, weil er immer so unartig ist.

Choose a hobby that allows you to extend your answer.

KEY POINT — **Offering an opinion will improve your marks.**

If you say *ja*, then you must also be able to say where the cinema is and how much tickets cost.

Gehst du oft ins Kino?	Nein, das kostet zu viel Geld – ich habe keinen Job.
Wann warst du zum letzten Mal im Kino?	Ich habe in den Ferien *Chicken Run* gesehen.
Wie fandest du diesen Film?	Ich fand ihn langweilig und nicht so gut. Nächste Woche werde ich mir den neuen Film mit Jim Carrey angucken.

Opportunity to use the future tense – it is useful to be able to show that you can use all tenses.

2.3 Television

LEARNING SUMMARY

After studying this section you should be able to:

● talk and write about what you watch on TV
● read a German TV guide successfully
● deal with a variety of role-play situations

Was kommt im Fernsehen? (What's on TV?)

AQA A   AQA B
EDEXCEL
OCR
WJEC
NICCEA

German teenagers often have access to a variety of English-speaking channels via their satellite systems. The most popular of these are the music channels! There are several famous German 'soaps', the most famous being *Lindenstraße*, the story of several families who live in the same street. You can easily imagine some of the possible story lines!

German teenagers also have access to a number of American TV programmes, and you would be able to talk and compare notes about some of your own favourite cartoon characters.

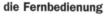

die Fernbedienung

der Videorekorder

Television

es ärgert mich – it irritates me, it annoys me

aufregend – exciting

ausgezeichnet – excellent

die Dokumentarsendung – documentary

echt gut – super

eindrucksvoll – impressive

einmalig – superb

die Fernbedienung – remote control

furchtbar – dreadful

hervorragend – excellent

interessant – interesting

das Kabelfernsehen – cable TV

komisch – classical

der Komödiant – comedian

die Krimiserie (-n) – police series

lächerlich – ridiculous

langweilig – boring

es langweilt mich – it bores me

das macht mich müde – it makes me tired

der Moderator – presenter

die Nachrichten *pl* – news

das geht mir auf die Nerven – it gets on my nerves

neueste – last, latest

das Programm (-e) – channel

die Quizsendung (-en) – quiz show

die Reklame (-n) – advert

die Satellitenschüssel (-n) – satellite dish

schlimm – bad

die Seifenoper (-n) – soap opera

seltsam – funny (odd)

die Sendung (-en) – programme, broadcast

die Serie (-n) – series

spannend – exciting

die Sportsendung (-en) – sports broadcast

synchronisiert – dubbed

täglich – daily

die Talkshow (-s) – talkshow

das Theaterstück (-e) – play

der Videorekorder (-) – video recorder

die Wettervorhersage (-n) – weather forecast

widerlich – revolting

2.4 Cinema

> **LEARNING SUMMARY**
>
> After studying this section you should be able to:
> - talk and write about what you watch at the cinema
> - make arrangements for going out
> - deal with a variety of role-play situations

Ins Kino gehen (Going to the cinema)

AQA A   AQA B
EDEXCEL
OCR
WJEC
NICCEA

Most of the big blockbuster films are released in German-speaking countries. Films are sometimes dubbed or will have subtitles.
German teenagers enjoy going to the cinema, and, with satellite television, they can access the same films as you can.

The cinema

der Abenteuerfilm (-e) – adventure film
anfangen *irreg sep* – to begin
beginnen *irreg* – to begin
dauern – to last
enden – to end
der Film (-e) – film
der Gruselfilm (-e) – horror film
er handelt von – it is about
die Handlung – plot

der Held (-en) – hero
die Heldin (-nen) – heroine
der Horrorfilm (-e) – horror film
die Komödie (-n) – comedy film
der Krimi (-s) – detective film
der Liebesfilm (-e) – romantic film
meinen – to think
der Schauspieler (-) – actor
die Schauspielerin (-nen) – actress

der Science-Fiction-Film (-e) – science fiction film
der Spielfilm (-e) – feature film
der Spionagefilm (-e) – spy film
der Thriller (-) – thriller
der Untertitel (-) – subtitle
die Vorstellung (-en) – (film) showing
der Western (-) – Western
der Zeichentrickfilm (-e) – cartoon

Conversation: Grades C–A*

> **Think carefully about which to discuss. Do not choose a film where there are lots of exciting stunts as the vocabulary will prove too difficult.**

Was machst du in deiner Freizeit?

Gehst du oft ins Kino?

Was war der letzte Film, den du gesehen hast?

Wovon handelt der Film?

Ich bin nicht sportlich und ziemlich unfit – deswegen interessiere mich mehr für Bücher und Filme.

Ja, ich gehe mindestens einmal im Monat ins Kino.

Der letzte Film, den ich gesehen habe, war ..., und ich fand ihn toll.

Alternatively choose a film that you can describe easily:

> **If you cannot think how to describe the film, you could use any of the following: *das weiß ich ganz genau/das kann ich Ihnen nicht genau sagen.* In this way you have kept the conversation flowing.**

Titanic handelt von einem jungen Paar. Jack liebt Anna und Anna liebt Jack. Sie verbringen viel Zeit zusammen, aber dann versinkt das große Schiff. Jack stirbt und Anna kann ihn nie vergessen. Die Geschichte ist sehr interessant, und jeder kennt sie, aber das junge Paar war wirklich nett. Der Film ist sehr romantisch, und das Lied von Celine Dion ist auch toll.

Hast du noch andere Filme mit Leonardo di Caprio gesehen?

Ja, ich habe auch schon *The Beach* gesehen.

2.5 Famous people

LEARNING SUMMARY

After studying this section you should be able to:

● **talk and write about someone famous whom you have met**
● **talk and write about someone famous whom you would like to meet**

Prominente (Celebrities)

See page 10 for words to describe people.

Description

das Autogramm – autograph

das Autogrammalbum – autograph album

besprechen *irreg.* – to discuss

berühmt – famous

auf der Bühne – on the stage

einmal – once

fragen – to ask

freundlich – friendly

hilfsbereit – helpful

kennenlernen *sep.* – to get to know, to meet for the first time

nett – nice

sehen *irreg.* – to see

nach dem Spiel – after the match

sprechen *irreg.* – to speak

treffen *irreg.* – to meet (not for the first time)

Conversation: Grades C–A*

AQA A   AQA B
EDEXCEL
OCR
WJEC
NICCEA

 This is a higher-level task and is easily adapted to describe someone famous.

Hast du jemals einen Sportler oder Politiker kennengelernt?

Vor zwei Jahren ist Tony Blair auf unsere Schule gekommen. Er ist der Parlamentsabgeordnete unserer Gegend. Er kam an einem Freitag, um das neue Sportzentrum zu sehen. Wir waren alle in der neuen Aula, und ich habe mit ihm gesprochen.

Er hat mich über die Schule gefragt, und wir haben auch über meine Pläne für die Zukunft gesprochen.

Er ist ziemlich groß und hat braunes Haar. Er trug einen dunkelblauen Anzug und einen roten Schlips.

Er hat sich mit den Kindern unterhalten, dann ist er durch die Schule gegangen.

Er war netter als erwartet, und er hat mir ein Autogramm für mein Album gegeben. Das war sehr freundlich von ihm.

Einer meiner Freunde hat ihm einen Topf überreicht. Unser Töpferlehrer hatte ihn für Tony Blair getöpfert und dekoriert. Tony Blair war überrascht, aber auch sehr dankbar.

Er hat in einige Klassenzimmer geschaut, dann ist er wieder gegangen. Er war nur zwanzig Minuten in der Schule, aber ich habe ihn kennengelernt, und er hat sich mit mir unterhalten!

Nächstes Jahr kommt er wieder in die Schule, und ich werde ihn noch einmal sehen – und vielleicht werden wir wieder ein bisschen miteinander reden.

2.6 *Music*

LEARNING SUMMARY

After studying this section you should be able to:

- *talk and write about your interest in music*
- *make arrangements for going out*
- *deal with a variety of role-play situations*
- *describe a visit to a pop concert*

Coole Klänge (Cool sounds)

AQA A   AQA B
EDEXCEL
OCR
WJEC
NICCEA

| die Geige | die Gitarre | der Flügel |

Music

die Band (-s) – group, band

die Blockflöte (-n) – recorder

der Chor (Chöre) – choir

der Flügel (-) – grand piano

die Geige (-n) – violin

die Gitarre (-n) – guitar

die Klarinette (-n) – clarinet

das Klavier (-e) – piano (upright)

das Lied (-er) – song

die Posaune (-n) – trombone

die Querflöte (-n) – flute

der Schlager (-) – hit song (in German)

das Schlagzeug – drum kit

die Trompete (-n) – trumpet

der Walkman® – personal stereo

PROGRESS CHECK

Translate into English:

1 Ich interessiere mich für Schach.
2 Ich habe am Samstag einen guten Film gesehen.
3 Was machst du gern in deiner Freizeit?
4 Ich gebe mein Geld für meinen Computer aus.
5 Ich kann Quizsendungen nicht ausstehen.

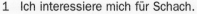

1. I am interested in chess. 2. I saw a good film on Saturday. 3. What do you like to do in your spare time? 4. I spend my money on my computer. 5. I cannot stand quiz shows.

Now write **five** more sentences about your own leisure interests, using the start of each of the sentences.

Freizeit und Hobbys (Leisure and hobbies)

Conversation: Grades C–A*

Varied word order will gain extra marks.

This conversation gives you the opportunity to use a variety of tenses whilst offering opinions and making extensive use of cases and word order.

This conversation could be adapted for a visit to a football stadium or a music concert. You need only change the main words.

Was machst du in deiner Freizeit?

Ich treibe gern Sport. Samstags spiele ich Fußball für die Schulmannschaft und am Samstagnachmittag gehe ich normalerweise zu einem Fußballspiel. Ich bin Chelsea-Fan. Während der Woche spiele ich Basketball, oder ich gehe mit Freunden schwimmen.

Bist du Mitglied in einem Sportverein?

Ich spiele in einem Tennisverein, und ich bin Mitglied in einem Snookerverein.

Bist schon mal nach Wembley gefahren, um ein Fußballspiel zu sehen?

Vor zwei Jahren kamen die Boston Red Sox für ein Baseballspiel nach England. Ich bin mit einer Schulgruppe hingefahren, und es hat mir sehr gut gefallen. Das Spiel war toll, und die Mannschaft aus Amerika hat gewonnen. Ich fahre hoffentlich diesen Sommer nach Amerika.

Warum?

Unsere Schule macht einen Austausch mit einer Schule in Washington, und ich nehme daran teil. Es wird eine Menge Geld kosten, aber im Moment arbeite ich abends, um das nötige Geld zu verdienen.

2.7 *Grammar*

After studying this section you should be able to:

- ● **understand and use the perfect tense correctly**
- ● **understand the main rules about word order**
- ● **understand the place of adverbs in sentences**

The perfect tense

In the GCSE examination, marks will be awarded for correct use of grammar. It is also important that you can use a variety of tenses as this will demonstrate your grammatical knowledge.

The perfect tense in German is the most common past tense in everyday language. It can be used in both written and oral examinations to gain marks.

To form the perfect tense:

1 Use the correct part of the present tense of *haben* (see page 27).
2 Add the past participle of the verb.
3 The past participle goes at the end of the sentence.

Look at the following examples:

Ich habe mit Petra Tennis gespielt.
Wir haben einen Spaziergang gemacht.

To form the past participle of most verbs:

1 Take the infinitive, e.g. *spielen* (to play)
2 Remove the *-en* (or *-n*), i.e. *spiel* (this is called the stem)
3 Put *ge-* before the stem and *-t* or *-et* after it

e.g. Infinitive   Past Participle
 machen =   *gemacht*
 klingeln =   *geklingelt*
 arbeiten =   *gearbeitet*

(N.B. If verb starts with *be-*, e.g. *besuchen,* there is no need to add *ge-.*)

Give the past participle of each of the following verbs:

1	angeln	5	kaufen
2	tanzen	6	kosten
3	kochen	7	malen
4	hören	8	zeichnen

1. geangelt 2. getanzt 3. gekocht 4. gehört 5. gekauft 6. gekostet 7. gemalt 8. gezeichnet

PROGRESS CHECK

Übersetze diese Sätze ins Deutsche:

1 He has played football.
2 We visited my aunt.
3 They danced until 6 o'clock.
4 We went round the shops.
5 What did you do?
6 Have you ever played the piano?

1. Er hat Fußball gespielt. 2. Wir haben meine Tante besucht. 3. Sie haben bis sechs Uhr getanzt. 4. Wir haben einen Einkaufsbummel gemacht. 5. Was hast du gemacht? 6. Hast du schon mal Klavier gespielt?

In English some past participles are irregular – e.g. 'I have swum', 'we have eaten', 'she has ridden'.

In German there are also irregular past participles which you must memorise:

Infinitive	Past participle	Meaning
beginnen	begonnen	to begin
bekommen	bekommen	to receive, to get
bringen	gebracht	to bring
denken	gedacht	to think
empfehlen	empfohlen	to recommend
essen	gegessen	to eat
fangen	gefangen	to catch
finden	gefunden	to find
geben	gegeben	to give
gewinnen	gewonnen	to win
helfen	geholfen	to help
lassen	gelassen	to leave (things), to let
lesen	gelesen	to read
nehmen	genommen	to take
schießen	geschossen	to shoot
schreiben	geschrieben	to write
sehen	gesehen	to see
singen	gesungen	to sing
tragen	getragen	to wear
treffen	getroffen	to meet
trinken	getrunken	to drink
verbringen	verbracht	to spend
vergessen	vergessen	to forget
verlassen	verlassen	to leave
verlieren	verloren	to lose
waschen	gewaschen	to wash
werfen	geworfen	to throw

PROGRESS CHECK

Übersetze ins Englische.

1 Unsere Mannschaft hat das Tournier gewonnen.
2 Der Film hat um 9 Uhr begonnen.
3 Was hast du auf der Party getragen?
4 Mein Bruder hat zwei Tore geschossen.
5 Ich habe nicht so gut gesungen.

1. Our team won the tournament. 2. The film started at 9 o'clock. 3. What did you wear to the party? 4. My brother scored two goals. 5. I didn't sing so well.

KEY POINT

There are also a number of separable verbs in German. To form the perfect tense of these verbs, follow the rules above but leave the prefix at the beginning of the verb:
e.g. **anrufen: to telephone** – p.p. = **angerufen**

PROGRESS CHECK

Give past participles of verbs:

1 einladen
2 fernsehen
3 stattfinden
4 teilnehmen
5 zuhören

1. eingeladen 2. ferngesehen 3. stattgefunden 4. teilgenommen 5. zugehört

Perfect tense with *sein*

Many common verbs in German use the present tense of *sein* rather than the present tense of *haben*.

However, the rules regarding the formation of the perfect tense are the same:

1 Use the correct part of the present tense of *sein* (see page 27).
2 Add the past participle of the verb.
3 The past participle goes at the end of the sentence.

Here is a list of the verbs which use *sein* in the perfect tense:

Infinitive	Past participle	Meaning
ankommen	angekommen	to arrive
abfahren	abgefahren	to depart
aufwachen	aufgewacht	to wake up
aufstehen	aufgestanden	to get up
bleiben	geblieben	to stay
einschlafen	eingeschlafen	to fall asleep
fahren	gefahren	to travel
fallen	gefallen	to fall
fliegen	geflogen	to fly
gehen	gegangen	to go
gelingen	gelungen	to succeed
geschehen	geschehen	to happen
kommen	gekommen	to come
laufen	gelaufen	to run
reiten	geritten	to ride

Infinitive	Past participle	Meaning
Rad fahren	Rad gefahren	to ride a bicycle
reisen	gereist	to travel
rudern	gerudert	to row
schwimmen	geschwommen	to swim
segeln	gesegelt	to sail
sein	gewesen	to be
Ski fahren	Ski gefahren	to go skiing
wachsen	gewachsen	to grow
werden	geworden	to become

Look at the following examples:

Der Vogel ist aus dem Fenster geflogen.

Wir sind mit dem Bus nach Leeds gefahren.

Es ist mir gelungen, die Hausaufgaben fertig zu machen.

PROGRESS CHECK

Übersetze ins Deutsche:

1 We went to the cinema.
2 They sailed on the lake.
3 She cycled on the beach.
4 Did you swim?
5 I ran 200 metres.
6 We went riding in the park on Saturday.

1. Wir sind ins Kino gegangen. 2. Sie sind auf dem See gesegelt. 3. Sie ist am Strand Rad gefahren. 4. Bist du geschwommen? 5. Ich bin zweihundert Meter gelaufen. 6. Wir sind am Samstag durch den Park geritten.

Word order

AQA A   AQA B
EDEXCEL
OCR
WJEC
NICCEA

The construction of accurate sentences is essential for the GCSE examination. There are **three** main word order rules in German. The correct use of word order will be rewarded in the GCSE examination and, more importantly, variety in sentence construction will enable you to write more impressive sentences for your examiner.

Rule 1

The verb is **always** the second idea.

e.g. Ich sehe jeden Tag fern.

Ich habe einen guten Film gesehen.

Am Samstag bin ich in die Stadt gegangen.

Rule 2

The TMP rule: time, manner, place.

When you have more than one adverb (an expression which tells you **when** [time], **how** [manner] or **where** [place] something was done) in a sentence, the order is usually time, manner, place.

e.g. *Ich gehe **am Samstag** (time) **mit Freunden** (manner) **zum Tournier*** (place).

*Ich bin **mit Susi** (manner) **zur Eisbahn** (place) gegangen.*

(N.B. you do **not** always need to have all three of T, M and P!)

Rule 3

Subordinating conjunctions. These are joing words which send the verb to the end of the sentence. See Chapter 3, page 67 for a full explanation.

PROGRESS CHECK

Ordne die Wörter:

1 sind, letzten Samstag, meine Freunde und ich, ausgegangen
2 den neuen Thriller, ich, im Kino, am Freitag, gesehen, habe
3 letztes Wochenende, einen tollen Wettbewerb, in London, gab es
4 du, mit ihm, bist, ausgegangen? am Montag
5 mehr, an Wochentagen, muss, trainieren, ich
6 mit dem Computer, geht, schneller, es

1. Letzten Samstag sind meine Freunde und ich ausgegangen. 2. Am Freitag habe ich im Kino den neuen Thriller gesehen. 3. Letztes Wochenende gab es in London einen tollen Wettbewerb. 4. Bist du am Montag mit ihm ausgegangen? 5. Ich muss an Wochentagen mehr trainieren. 6. Mit dem Computer geht es schneller.

PROGRESS CHECK

Practise word order (inversion of subject and verb) by completing the following sentences about your interests and hobbies. Use perfect and present tense sentences.

1. Im Jugendzentrum …
2. Am Samstag …
3. Während der Sommerferien …
4. Im Winter …
5. Wenn es regnet …

1. Im Jugendzentrum habe ich mit Freunden Tennis gespielt. 2. Am Samstag gibt es einen guten Film im Fernsehen. 3. Während der Sommerferien spiele ich oft Kricket. 4. Letzten Winter habe ich in einer Volleyballmannschaft gespielt. 5. Wenn es regnet, lese ich gern Comics und Romane.

Adverbs

AQA A AQA B
EDEXCEL
OCR
WJEC
NICCEA

Adverbs are used to extend sentences and to make them more interesting. In English, adverbs usually end in '-ly', e.g. 'nicely'.
In German, adverbs look exactly the same as adjectives.

e.g. *Das Haus war schön.* – The house was nice. (*schön* = adjective)
Er hat das Haus schön gemalt. – He drew the house nicely. (*schön* = adverb)

There are some adverbs which end in *-weise*
glücklicherweise – fortunately
unglücklicherweise – unfortunately
teilweise – partly

Here are some more adverbs which you can use in both oral and written situations:

gewöhnlich – usually	*gelegentlich* – fortunately
manchmal – sometimes	*natürlich* – naturally
selten – seldom	*vermutlich* – presumably

Comparative adverbs

Comparatives are used to compare how or when two things are done. In English, comparative adverbs look different from comparative adjectives, because they have '-ly' at the end, e.g. 'more slowly'.
In German the same form is used for the comparative adjective and adverb:

e.g. *schneller* – quicker, more quickly
dümmer – more stupid, more stupidly

PROGRESS
CHECK

Complete each sentence with a word from the list:

1 Meine beste Freundin schwimmt ... als ich.
2 Die Mannschaft aus London spielt ... als unsere.
3 Ich spiele ... Federball als Tennis.
4 Im Hochsprung springt mein Bruder ... als ich.

lieber, besser, höher, schneller

1. Meine beste Freundin schwimmt schneller als ich. 2. Die Mannschaft aus London spielt besser als unsere. 3. Ich spiele lieber Federball als Tennis. 4. Im Hochsprung springt mein Bruder höher als ich.

Sample GCSE questions

Speaking

Role-play 1

Sie sprechen mit einem Freund. Sie gehen heute abend aus, aber Sie müssen spätestens um 10 Uhr zurück sein.

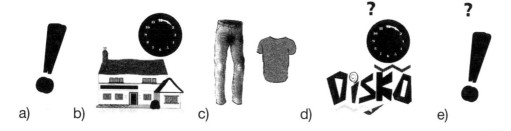

a) b) c) d) e)

Examiner	*Wir gehen heute abend in den Klub. Kommst du mit?*
Candidate	*Ja gerne! Wann und wo treffen wir uns?*
Examiner	*Um 8 Uhr vor dem Kino.*
Candidate	*Was ziehst du an?*
Examiner	*Jeans und ein T-Shirt.*
Candidate	*Wann ist die Disko aus?*
Examiner	*Um 11 Uhr.*
Candidate	*Leider kann ich nicht mitkommen, ich muß schon um 10 Uhr zu Hause sein. Wenn ich mitkomme, muß ich die Disko früh verlassen.*

When dealing with this type of question you need to think of a logical end to the conversation, e.g. you must be back by 10 pm.

Role-play 2

You are on holiday in Switzerland and you have just read this advertisment. You telephone your Swiss friend to arrange a day out there. The examiner will begin the conversation.

Du rufst einen Freund/eine Freundin an.
Ich bin dein Freund/deine Freundin.
Dein(e) Lehrer(in) beginnt.

Sportzentrum
Luzern
Rollschubahn
Rodelbahn
Schnellimbiß
Spiel und Spaß
Täglich: 9.00 bis 20.00

- Aktivitäten
- Was mitbringen?
- Treffpunkt

Sample GCSE questions

Examiner's role and suggested answers

Examiner	Schulz
Candidate	Hallo, hier spricht ... Wie geht´s?
Examiner	Es geht. Was machen wir am Freitag?
Candidate	Es gibt ein neues Freizeitzentrum in Luzern. Möchtest du hingehen?
Examiner	Ja, gute Idee. Was kann man dort machen?
Candidate	Wir können entweder rollschuhlaufen oder rodeln.
Examiner	Hast du Rodeln schon probiert?
Candidate	Ja, letztes Jahr auf Urlaub in den Alpen. Es war toll und sehr spannend.
Examiner	OK. Kann man da alles entleihen, und ist es teuer?
Candidate	Freilich; nein es ist nicht so teuer.
Examiner	Was machen wir denn zu Mittag? Soll ich Butterbrote mitbringen?
Candidate	Es gibt dort eine gute Imbißstube. Das Essen schmeckt gut und ist preiswert.
Examiner	Sehr schön. Wann und wo treffen wir uns?
Candidate	Um halb zehn vor der Kirche auf dem Marktplatz.
Examiner	Wieviel Geld brauche ich?
Candidate	Ich nehme dreißig Franken mit. Tschüs.
Examiner	Tschüs.

> In a telephone conversation, remember to use the correct language. x am Apparat or hier spricht x.

> German is also used in Switzerland and Austria so you need to know about these countries.

Exam practice questions

Listening

1

Sie planen einen Abend zu Hause. Was gibt es heute im Fernsehen?
Füllen Sie die Tabelle aus!

20.00		[1]
	eine Serie	[1]
21.45		[1]
22.30		[1]
	Nachrichten und ...	[1]
	Sendeschluss	[1]

Reading

1

Manuela, 16:
Ich lege meine Lieblingskassette in den
Walkman und tanze einfach:
Das geht mit den Inline-Skates total gut.

Tina, 16:
Es ist ganz einfach, andere Jugendliche
kennenzulernen. Wir spielen oft „Fangen"' und
zeigen unsere neuen Tricks.

Konstanze, 15:
Seitdem ich die Inline-Skates habe, mache ich
nichts anderes. Das ist wie eine Sucht bei mir.

Moritz, 17:
Für mich ist Inline-Skating nicht nur Sport. Das
hat auch was mit Mode zu tun. Meine Freunde
nennen mich „Styler".

Benjamin, 17:
Ich habe angefangen, weil jemand mein Fahrrad
gestohlen hat. Jetzt aber ist Inline-Skating mein
Lieblingshobby. Es ist leider auch ziemlich
gefährlich: Ich habe mir einen Arm, drei Finger
und ein paarmal das Bein gebrochen! Ich denke
aber gar nicht daran, aufzuhören.

INLINE-SKATING

Sebastian, 15:
Es macht mir viel Spaß, mich dabei vom Hund
ziehen zu lassen! Leider läuft er viel zu schnell,
und ich falle deswegen öfters hin. Bis jetzt ist
mir nichts Schlimmes passiert!
Inline-Skating -ein Riesenspaß ...

Exam practice questions

Wer ist das? Trage den richtigen Namen ein!

Beispiel: ...*Benjamin*... hat kein Fahrrad mehr.

(a) .... bekommt dadurch viele neue Bekannte.

(b) .... hat nur diese einzige Freizeitbeschäftigung.

(c) .... hat trotz Verletzungen nicht vor, diesem Hobby ein Ende zu machen.

(d) .... gewinnt Geschwindigkeit mit Hilfe seines Haustiers.

(e) .... hat viele schlimme Unfälle gehabt.

(f) .... hört Musik beim Inline-Skating.

(g) .... hat einen Spitznamen.

(h) .... hat keine großen Verletzungen erlebt. **[8]**

Edexcel 1999

2 Ein Spiel.

STEHBALL AUS PERU

Sieben bis elf Spieler bilden einen Kreis um ein Kind herum, das den Ball in beiden Händen hält. Es wirft den Ball so hoch es kann in die Luft, läuft fort und ruft dabei den Namen eines Mitspielers. Nun rennen auch die anderen Kinder los – bis auf das Kind, dessen Name genannt wurde. Es fängt den Ball, ruft „Stop" und die anderen Kinder bleiben stehen. Das Kind mit dem Ball geht drei Schritte auf den am nächsten stehenden Spieler zu und versucht ihn abzuwerfen. Gelingt dies, so darf es in der nächsten Runde in der Kreismitte sein, den Ball in die Luft werfen und einen Namen nennen. Hat es den Spieler verfehlt, kommt dieser als Werfer an die Reihe. Herkunftsland dieses Spieles, das in einer Halle oder draussen gespielt werden kann, ist Peru.

Schreib die richtige Reihenfolge.
Schreib 1, 2, 3 usw.

1   Das Kind mit dem Ball wirft ihn auf einen anderen Spieler.

2   Wenn der Ball den anderen Spieler nicht trifft, kommt dieser in die Mitte.

3   Alle Spieler laufen weg.

4   Ein Kind steht in der Mitte und die anderen stehen um es herum.

5   Wenn der Ball den anderen Spieler trifft, kommt der Werfer das nächste Mal in die Mitte

6   Wenn das Kind den Ball fängt, müssen alle Spieler stehen bleiben.

7   Das genannte Kind muss den Ball fangen.

8   Das Kind in der Mitte wirft den Ball in die Luft und ruft einen Namen. **[5]**

4			7				2

AQA 1999

Exam practice questions

Writing

1 Beschreibe, was du in der Freizeit machst! Beschreibe 5 Dinge! Die Bilder sollen dir helfen.

Beispiel:

Ich schwimme jede Woche im Hallenbad.

[10]

WJEC 2000

2

Du schreibst einen Brief an einen Brieffreund/eine Brieffreundin.
Beantworte die Fragen in ganzen Sätzen!
Beginne und ende den Brief richtig!

(i)   Was für Sportmöglichkeiten gibt es in deiner Stadt? (2 Dinge)
(ii)   Wie oft treibst du Sport?
(iii) Beschreibe, was du neulich gemacht hast! (Was,wo, mit wem, 3 Dinge)
(iv)   Wie war es?
(v)   Was wirst du nächstes Wochenende machen? (2 Dinge)   **[20]**

WJEC 2000

Urlaub und Reisen

(Holidays and travel)

The following topics are covered in this chapter:

- **Holidays**
- **Travelling**
- **Accommodation**
- **Local area**
- **Directions**
- **Grammar**

3.1 Holidays

LEARNING SUMMARY

After studying this section you should be able to:

- **describe in writing and in speaking a past and a future holiday**

Ferienziele (Holiday destinations)

AQA A   AQA B
EDEXCEL
OCR
WJEC
NICCEA

As a topic holidays and travel is vast. The two elements are linked because most people have to use some means of transport when taking a holiday. It is also important to be able to describe your local area to German-speaking tourists and to be able to assist them when they visit the UK. Many German families now travel to the Balaeric and Canary Islands for their holidays and you will see menus printed in German as well as in English at these destinations.

die Sonnenmilch   der Paß   der Fotoapparat

Holidays

das Andenken (–) – souvenir

die Angelrute (-n) – fishing-rod

die Ansichtskarte (-n) – picture postcard

der Aufenthalt (-e) – stay

die Aufnahme (-n) – photo, recording

der Ausflug (¨e) – excursion

die Auskunft (¨e) – information

die Aussicht (-en) – view

der Badeort (-e) – spa

E-111-Schein – E111 certificate

der Eimer (-) – bucket

die Eisbahn (-en) – ice rink

die Fahrt (-en) – journey

die Fahrzeiten pl – journey times

die Flut – high tide

der Fotoapparat (-e) – camera

das Freibad (¨er) – open-air pool

die Führung (-en) – guided tour

die Gegend (-en) – area

der Gletscher (-) – glacier

die Grenze (-n) – border

das Hallenbad (¨er) – indoor pool

die Heimfahrt (-en) – home journey

das Informationsbüro (-s) – information office

der Jachthafen (-häfen) – yacht marina

der Kies – shingle

die Kirmes (-), der Jahrmarkt (-märkte) – fair

der Kurort (-e) – spa

die Lawine (-n) – avalanche

der Leuchtturm (-türme) – lighthouse

der Liegestuhl (-stühle) – deckchair

die Möwe (-n) – seagull

die Osterferien pl – Easter Holidays

der Paß (-ässe) – passport

die Pauschalreise (-n) – package holiday

der Plan (¨e) – plan

die Reise (-n) – journey

der Reiseleiter (-) – guide

der Reisende (-n) – traveller

das Ruderboot (-e) – rowing boat

die Rundfahrt (-en) – tour

die Seilbahn (-en) – cable car

die Sesselbahn (-en) – chair lift

die Sonderfahrt (-en) – special excursion

die Sonnenbrille (-n) – sunglasses

die Sonnencreme (-n) – suncream

die Sonnenmilch – suntan lotion

das Sonnenöl (-e) – suntan oil

das Souvenir (-s) – souvenir

die Staatsangehörigkeit (-en) – nationality

die Stadtführung (-en) – guided tour

der Stadtplan (¨e) – town plan

die Stadtrundfahrt (-en) – tour of the city

der Strand (Strände) – beach

die Überfahrt (-en) – crossing

die Unterkunft (¨e) – accommodation

die Weinprobe (-n) – wine-tasting

die Zollkontrolle (-n) – customs control

Verbs

abgeben *sep* – to hand in (i.e. lost property)

sich auskennen *sep* – to know one's way around

auspacken *sep* – to unpack

sich ausruhen *sep* – to relax, to rest

baden – to bathe

bemerken – to notice

beobachten – to observe, to watch

besichtigen – to see (the sights)

einpacken *sep* – to pack

sich entspannen – to relax

sich erkundigen – to enquire

ertrinken – to drown

faulenzen – to laze about

sich freuen auf – to look forward to

es gibt – there is, there are

gucken – to look

legen – to lay

liegen – to lie

losfahren *sep* – to set out

organisieren – to organise

packen – to pack to wrap

planen – to plan

reiten – to ride

sich sonnen – to sun oneself

suchen – to look for

tauchen – to dive

übernachten – to stay overnight

In Urlaub fahren – to go on holiday

sich verirren – to get lost

vermieten – to rent out

verzollen – to declare (i.e. at customs)

vorhaben *sep* – to plan

wandern – to go for a hike

Wasserski fahren – to go waterskiing

KEY POINT

It is important that the following synonyms are known for this topic:

die Reise	die Fahrt
reisen	fahren
losfahren	abfahren
bleiben	wohnen
die Ansichtskarte	die Postkarte

Conversation: Grades G–D

AQA A   AQA B
EDEXCEL
OCR
WJEC
NICCEA

Make sure you can answer these questions without thinking.
Practise your answers without the book.
Make a recording of yourself and play it back.

Wo verbringst du die Ferien?	Ich bleibe zu Hause.
	Ich fahre nach …
Mit wem fährst du?	Ich fahre allein/mit Freunden/mit meiner Familie.
	Diesen Sommer fahre ich mit Freunden nach Blackpool.
Was machst du gern im Urlaub?	Ich gehe gern schwimmen.
	Ich sonne mich am Strand.
	Ich ruhe mich aus.
	Ich spiele Volleyball.
Kaufst du Souvenirs?	Ja, für meine Freunde kaufe ich Schlüsselringe und T-Shirts.
Was hast du letztes Jahr gemacht?	Ich bin nach Florida gefahren.
Wie war der Urlaub?	Er war toll.
Hast du Pläne für diesen Sommer?	Noch nicht.

Conversation: Grades C–A*

AQA A   AQA B
EDEXCEL
OCR
WJEC
NICCEA

Marks are awarded for your communication skills as well as the quality of your language.

You **must** be able to use a variety of tenses.
You **need** to use longer sentences – use connectives and opinions.
Your answers may not be a pre-learnt speech – but you need to be able to talk for two minutes on your chosen topic.

Here are some questions with suggested answers:

Also, was hast du denn letzten Sommer gemacht?	Ich bin mit Freunden in Ibiza gewesen. Wir haben eine Villa in einem Dorf am Strand gemietet.
Wie seid ihr nach Ibiza gekommen?	Wir sind mit dem Flugzeug direkt von Luton geflogen. Unterwegs haben wir gegessen und getrunken. Give an opinion. Die Stewardess war sehr freundlich.
Und was habt ihr gemacht?	Wir sind schwimmen gegangen und haben uns gesonnt. Abends sind wir oft in die Disco gegangen.
Und diesen Sommer? Hast du schon Pläne?	Das hängt von meinen Noten ab. Ende August werde ich meine Großmutter in Torquay besuchen. Ich werde nicht viel unternehmen.
Sind die Ferien zu lang?	Give an opinion again. Meiner Meinung nach sind sie im Sommer zu lang. Es wäre besser, nur vier Wochen Ferien zu haben. Mir ist oft langweilig.

Chance to change subject of sentence.

3.2 *Travelling*

LEARNING SUMMARY

After studying this section you should be able to:

● *deal with travel arrangements by public transport*
● *deal with a car breakdown or an accident*
● *write about a train or car journey*
● *understand announcements about public transport*
● *deal successfully with delays, etc.*

Mit dem Zug/Bus/Auto/Flugzeug unterwegs (Travelling by train/bus/road/aeroplane)

Travel by air and road

The main airline of Germany is *Lufthansa* and many large German travel companies organise holidays overseas. One of the most famous is *LTU* and you can see their logo at most airports within the European Union.

The public transport system in Germany is very efficient and most towns have a highly developed network of buses.

KEY POINT

In the GCSE examination you will have to be able to recognise the German spelling of towns, countries and other proper names:

der Ärmelkanal – the English Channel	das Mittelmeer – the Mediterranean Sea
Bayern – Bavaria	Moskau – Moscow
der Bodensee – Lake Constance	München – Munich
Brüssel – Brussels	die Ostsee – the Baltic Sea
die Donau – The Danube	die Themse – the Thames
Genf – Geneva	Venedig – Venice
Köln – Cologne	Wien – Vienna
Lüttich – Liege	

Travel by train

The German railways are called *Deutsche Bahn*. It is important for you to know about the different types of trains which run on the network. *Der Eilzug* is a regional express train, *der IC-Zug* is the Inter-City train and you need to make special reservations to travel on this train. If you travel on the train with a normal ticket there is a supplement to pay – *der Zuschlag*. These trains are very comfortable and very fast.

Travelling by train

abfahren *sep* – to leave
ankommen *sep* – to arrive
aussteigen *sep* – to get off
die Bahn (-en) – railway
der Bahnhof (-höfe) – station
einsteigen *sep* – to get on
die Endstation (-en) – terminus
der Fahrkartenschalter (-) – ticket office
das Gepäck – luggage
das Gleis (-e) – platform
der Hauptbahnhof (-höfe) – main station
die Hauptverkehrszeit (–en) – rush hour
hin und zurück – return
der Nahverkehrszug (-züge) – local train

die Notbremse (-n) – communication cord
der Personenzug (-züge) – passenger train
reservieren – to reserve
die S-Bahn (-en) – urban railway
der Schlafwagen (-) – sleeping-car
der Schnellzug (-Züge) – express train
die Schwebebahn (-en) – cable railway
der Speisewagen (-) – restaurant car
die Tageskarte (-n) – day ticket
der TEE-Zug (-Züge) – trans-European express
die U-Bahn (-en) – underground

die U-Bahnstation (-en) – tube station
umsteigen *sep* – to change (trains)
die Verbindung (-en) – connection
die Verspätung (-en) – delay
der Warteraum (-räume) – waiting room
der Wartesaal (-säle) – waiting room
das Wartezimmer (-) – waiting room
das Ziel (-e) – destination
der Zug (Züge) – train
den Zug nehmen – to catch a train
den Zug verpassen – to miss a train
der Zuschlag (-läge) – supplement

Travelling by bus

der Bus (-se) – bus
der Busbahnhof (-höfe) – bus station
die Bushaltestelle (-n) – bus stop

entwerten – to time-stamp
der Entwerter (-) – ticket validating machine
die Fahrkarte (-n) – ticket
der Fahrpreis (-e) – fare

kontrollieren – to check
die Linie (-n) – line, route
die Streifenkarte (-n) – book of tickets

Germans, like most other Europeans, drive on the right-hand side of the road. Most cars run on lead-free petrol as the Green Party have lobbied for changes to gas emissions from cars.

The most famous German car makes are Audi, BMW, Mercedes and Volkswagen. You will see Mercedes being used as taxis in most of the larger German cities.

der Wagen

die Scheibe

die Windschutzscheibe

der Kofferraum

der Reifen

Travelling by road

ADAC – German equivalent of AA

Anlieger frei – residents only

die Ausfahrt (-en) – exit (e.g. on motorway)

das Auto (-s) – car

die Autobahn (-en) – motorway

die Baustelle (-n) – building site, roadworks

das Benzin – petrol

die Bremse (-n) – brakes

bremsen – to brake

der Diesel – diesel

die Durchfahrt (-en) – way through

die Einbahnstraße (-n) – one-way street

der Fahrgast (-gäste) – passenger

fahrplanmäßig – scheduled

der Führerschein (-e) – driving licence

die Geldstrafe (-n) – spot fine

gesperrt – closed to traffic

gestattet – allowed, permitted

das Glatteis – ice

gültig – valid

der Gürtel (-) – seat belt

die Hauptstraße (-n) – main road

die Hauptverkehrszeit (-en) – rush hour

hupen – to sound the horn

der Katalysator (-en) – catalyst

der Kofferraum (-räume) – boot (of car)

die Kreuzung (-en) – crossing

die Landkarte (-n) – map

die Landstraße (-n) – country road

das Lenkrad (-räder) – steering-wheel

der Luftdruck – air pressure

der Motor (-en) – engine

das Öl (-e) – oil

die Panne (-n) – breakdown

parken – to park

das Parkhaus (-häuser) – multi-storey car park

der Parkschein (-e) – parking ticket

die Parkuhr (-en) – parking meter

das Parkverbot – no parking

der PKW (-s) – car

einen Platten haben (-) – to have a puncture

prüfen – to test, to check

der Rasthof (-̈e) – service station

die Raststätte (-n) – service station

der Reifen (-) – tyre

der Reifendruck – tyre pressure

die Reifenpanne (-n) – puncture

die Reparatur (-en) – repair

die Reperaturwerkstatt (-̈e) – car repairers

SB – self-service

die Scheibe (-n) – window pane

das Schild (-er) – sign

selbsttanken – self-service for fuel

die Sperre (-n) – barrier

der Stau (-s) – traffic jam

die Strafe (-n) – fine, punishment

tanken – to fill up with petrol

die Tankstelle (-n) – petrol station

überholen – to overtake

die Umleitung (-en) – diversion

unverbleit – unleaded

der Verkehr (-) – traffic

versichert – insured

die Versicherung (-en) – insurance

volltanken (sep) – to fill up (petrol)

der Wagen (-) – car

die Windschutzscheibe (-n) – windscreen

das Flugzeug   **das Auto**

Travelling by aeroplane

die Ansage (-n) – call

dauern – to last

fliegen – to fly

der Flug (Flüge) – flight

der Flughafen (-häfen) – airport

der Fluggast (-gäste) – passenger

der Flugsteig (-e), – **das Gate (-s)** – gate

das Flugzeug (-e) – aeroplane

die Kabine (-n) – cabin

der Sicherheitsgurt (-e) – safety belt

3.3 Accommodation

LEARNING SUMMARY

After studying this section you should be able to:

- *deal successfully with making reservations at a hotel/campsite/youth hostel*
- *write a letter to reserve accommodation*
- *write a letter to complain about a stay in a hotel*
- *read information about accommodation available in German-speaking countries*
- *understand information given to you in a variety of situations*

Hotels, Herbergen und Campingplätze (Hotels, hostels and campsites)

AQA A   AQA B
EDEXCEL
OCR
WJEC
NICCEA

Whilst on holiday in Germany you can choose from a variety of accommodation. Most large cities have hotels, campsites, holiday homes and youth hostels. You can, of course, also participate in an exchange visit and stay with a family.

der Schlüssel | das Einzelzimmer | das Doppelzimmer

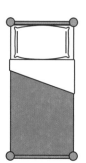

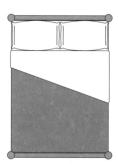

Hotels

der Aufzug (-züge) – lift	**der Gast (Gäste)** – guest	**inklusiv/inkl.** – including
das Doppelzimmer (-) – double room	**der Gasthof (-höfe)** – hotel	**der Kleiderbügel (-)** – coat hanger
das Einzelbett (-en) – single bed	**die Gaststätte (-n)** – hotel	**der Lift (-e)** – lift
das Einzelzimmer (-) – single room	**das Geschlecht (-er)** – sex (i.e. male or female)	**der Luxus** – luxury
der Empfang – reception	**die Halbpension** – half board	**der Personalausweis (-e)** – personal ID card
das Erdgeschoss (-e) – ground floor	**das Handtuch (-tücher)** – hand towel	**der Schlüssel (-)** – key
der Fahrstuhl (-stühle) – lift	**das Hotel (-s)** – hotel	**die Toilette (-n)** – toilet
der Fernseher (-) – TV set	**das Hotelverzeichnis (-se)** – hotel register	**die Unterschrift (-en)** – signature
		die Vollpension – full board
		das WC (-s) – WC

Campsite

die Batterie (-n) – battery
die Campingausrüstung (-en) – camping equipment
Campinggaz – calor gas for camping
der Campingkocher (-) – camping stove
der Campingplatz (¨e) – campsite

der Dosenöffner (-) – tin opener
der Fahrradverleih (-e) – cycle hire
die Gasflasche (-n) – gas cylinder
das Klo (-s) – toilet
die Luftmatratze (-n) – air bed
die Münzwäscherei (-en) – launderette
das Streichholz (¨er) – match

der Strom no pl – electricity
das Trinkwasser – drinking water
der Waschraum (¨e) – washroom
das Wasser – water
der Wasserhahn (¨e) – tap
der Wohnwagen (-) –caravan
das Zelt (-e) – tent
der Zeltplatz (¨e) – campsite

Youth hostels

der Abfalleimer – rubbish bin (indoors)
die Bettwäsche – linen
billig – cheap
das Büro – office

die Decke – blanket
die Küche – kitchen
Mülltonne – large rubbish bin (outdoors)
der Schlafraum – dormitory

der Schlafsack – sleeping-bag
der Speiseraum – dining room
der Spielraum – games room

3.4 *Local area*

LEARNING SUMMARY

After studying this section you should be able to:

- *describe your local area for a German-speaking tourist*
- *recommend places of interest for tourists to visit*
- *write about your area*
- *design a poster to advertise the area for tourists*

Meine Gegend (My area)

AQA A   AQA B
EDEXCEL
OCR
WJEC
NICCEA

As well as dealing with a visit to a German-speaking country, you should be able to welcome a German-speaking visitor to your own area and be able to tell him/her something about the history and local customs.

die Gasse	der See	der Fluss

Local area

die **Abtei (-en)** – abbey

alt – old

die **Altstadt (¨e)** – old town

die **Allee (-n)** – avenue

die **Ampel (-n)** – traffic lights

angenehm – pleasant

die **Anlage (-n)** – park

der **Berg (-e)** – mountain

die **Bibliothek (-en)** – library

das **Blumenbeet (-e)** – flower bed

breit – wide

die **Brücke (-n)** – bridge

der **Brunnen (-)** – well, fountain

die **Burg (-en)** – castle

der **Bürgersteig (-e)** – pavement

die **Bushaltestelle (-n)** – bus stop

das **Denkmal (-mäler)** – monument

der **Dom (-e)** – cathedral

die **Ecke (-n)** – corner

entzückend – charming

die **Fabrik (-en)** – factory

der **Fluss (Flüsse)** – river

der **Fußgänger (-)** – pedestrian

die **Fußgängerzone (-n)** – pedestrian zone

die **Gasse (-n)** – lane

das **Gebäude (-)** – building

das **Gebiet (-e)** – region

groß – large

der **Hafen (Häfen)** – port

die **Haltestelle (-n)** – bus/tram stop

hässlich – ugly

die **Hauptstadt (-städte)** – capital city

historisch – historical

der **Hügel (-)** – hill

industriell – industrial

die **Innenstadt (¨e)** – city centre

die **Insel (-n)** – island

interessant – interesting

die **Kirche (-n)** – church

das **Kino (-s)** – cinema

klein – small

der **Kreisverkehr (-e)** – roundabout

der **Laden (-)** – shop

langweilig – boring

lebhaft – lively

der **Markt (Märkte)** – market

das **Meer (-e)** – sea

modern – modern

die **Moschee (-n)** – mosque

das **Museum (-een)** – museum

die **Nähe** – vicinity

der **Park (-s)** – park

der **Parkplatz (-plätze)** – car park

der **Platz (Plätze)** – place, square

die **Polizeiwache (-n)** – police station

das **Rathaus (-häser)** – town hall

das **Revier (-e)** – police station

ruhig – peaceful

die **Sackgasse (-n)** – cul-de-sac

sauber – clean

das **Schloß (Schlösser)** – castle

schmutzig – dirty

der **See (-n)** – lake

die **Sehenswürdigkeit (-en)** – attractions

der **Spielplatz (-plätze)** – playground

das **Stadion (Stadien)** – stadium

die **Stadmitte (-n)** – town centre

das **Stadtteil (-e)** – part of a town, quarter

das **Stadtzentrum** – town centre

die **Stockung (-en)** – traffic jam

die **Straße (-n)** – street

die **Talsperre (-n)** – dam

die **Telefonzelle (-n)** – telephone box

der **Turm (¨e)** – tower

die **Umgebung (-en)** – surroundings

die **Umgehungsstraße (-n)** – bypass

die **Unterführung (-en)** – subway, underpass

der **Verkehr (-)** – traffic

das **Viertel (-)** – district, area

der **Vorort (-e)** – suburb

die **Vorstadt (-städte)** – suburb

das **Wirtshaus (-häuser)** – pub, tavern

der **Wohnblock (-s)** – block of flats

der **Zebrastreifen (-)** – pedestrian crossing

die Brücke

3.5 **Directions**

After studying this section you should be able to:

- ● **ask for and understand directions**
- ● **direct a German-speaking visitor in your town**
- ● **explain where buildings are situated**
- ● **write a description of your home town past and present**
- ● **make recommendations about how to improve your town**

Wie komme ich zu ...? (How do I get to ...?)

Directions

gehen Sie geradeaus	go straight on	**an dem Kino vorbei**	go past the cinema
gehen Sie die Straße entlang	go along the street	**an der Ecke**	at the corner
nehmen Sie die B43	take the B43	**Ist es weit?**	Is it far?
nehmen Sie die erste rechts	take the first on the right	**Wie weit ist es?**	How far is it?
biegen Sie nach rechts ab	turn right	**in der Nähe**	nearby
biegen Sie nach links ab	turn left	**Es sind fünf Minuten zu Fuß.**	It is a five-minute walk.
gehen Sie bis zur Ampel	go as far as the lights	**Sie können mit dem Bus fahren.**	You can take the bus.

 KEY POINT

Ist es weit?
Wie weit ist es?
Learn these carefully for the oral and especially the role-plays.

Town

der Bahnhof (-höfe)	railway station	**die Kreuzung (-en)**	crossroads
die Bank (-en)	bank	**der Laden (Läden)**	shop
der Briefkasten (-kästen)	post box	**das Museum (Museen)**	museum
das Büro (-s)	office	**die Post** *no pl,*	
das Denkmal (-mäler)	monument	**das Postamt (-ämter)**	post office
das Einkaufszentrum	shopping centre	**das Schwimmbad (-bäder)**	swimming pool
die Fabrik (-en)	factory	**die Sparkasse (-n)**	bank
das Geschäft (-e)	shop	**das Sportzentrum (-zentren)**	sports centre
das Hotel (-s)	hotel	**das Theater (-)**	theatre
das Informationsbüro (-s)	information office	**das Reisebüro (-s)**	travel agent
die Jugendherberge (-n)	youth hostel	**das Verkehrsamt (-ämter)**	tourist office
das Jugendzentrum (-zentren)	youth club	**das Viertel (-)**	district, area
das Kino (-s)	cinema	**der Vorort (-e)**	suburb
die Kirche (-n)	church	**die Umgebung**	surroundings
das Krankenhaus (-häuser)	hospital		

3.6 Grammar

 LEARNING SUMMARY

After studying this section you should be able to:

- recognise and use the dative case
- use the future tense
- recognise and use subordinating conjunctions
- use connectives

Dative case

AQA A **AQA B**
EDEXCEL
OCR
WJEC
NICCEA

The correct use of cases in the GCSE examination will show the examiner whether your German is good, average or poor. Correct case usage will be rewarded in the examination. It is worth spending time learning case tables (see page 22).

The dative case is used after many prepositions. The following prepositions are always followed by the dative case:

aus – out of, made of, from   *mit* – with, by (transport)
bei – at the house of, at   *von* – from, by, of
seit – since   *zu* – to (a building), at (a price).
nach – after, to (a town, a country) *gegenüber* – opposite
außer – except, out of (use)

The prepositions in this list are followed by either the dative or the accusative case:

in – in, into   *neben* – next to
an – at   *zwischen* – in between
auf – on top of   *unter* – under
hinter – behind   *über* – over, about
vor – in front of

The dative case is used to show position (i.e. in a place):

e.g. *Die Familie hat in dem Hotel übernachtet.*

The accusative case is used when there is movement (i.e. into a place):

e.g. *Die Familie ist in das Hotel gegangen.*

PROGRESS CHECK

1. Wir wohnen seit ... Jahr ... Haus neben ... Mosel.
2. Das Haus liegt ... Stadtrand, nicht weit ... Dom.
3. Ich bin in ... Ferien in ... Berge gefahren.
4. Was hast du bei ... Gastfamilie gemacht?
5. Als er aus ... Bank gekommen ist, ist er in ... Café gegangen.

5. Als er aus der Bank gekommen ist, ist er in das Café gegangen.
4. Was hast du bei der Gastfamilie gemacht?
3. Ich bin in den Ferien in die Berge gefahren.
2. Das Haus liegt am Stadtrand, nicht weit vom Dom.
1. Wir wohnen seit einem Jahr in einem Haus neben der Mosel.

The future tense

 AQA A   AQA B
EDEXCEL
OCR
WJEC
NICCEA

In the Foundation and Higher Papers you need to be able to use the future tense.

To form the future tense, use the present tense of the verb *werden* with an infinitive at the end of the sentence.

werden is an irregular verb:

ich werde	*wir werden*
du wirst	*ihr werdet*
er/sie/es wird	*Sie werden*
man wird	*sie werden*

e.g. *Nächsten Sommer werden wir nach London fahren.*
Wenn du hier in England bist, wirst du meine Schule besuchen.

There are other verbs that you can use to show that you intend to do something:

Ich habe vor, nächsten Sommer nach Portugal zu fahren.
Wir beabsichtigen, unsere Ferien in Griechenland zu verbringen.
Ich habe die Absicht, eine Ferienstelle zu finden.

PROGRESS CHECK

Übersetze ins Deutsche:

1. We are going to visit Spain next year.
2. Will you stay at the same campsite this year?
3. The group will visit the museum.
4. How will you travel to Venice?

4. Wie werdet ihr nach Venedig fahren?
3. Die Gruppe wird das Museum besuchen.
2. Wirst du dieses Jahr auf demselben Campingplatz bleiben?
1. Wir werden nächstes Jahr Spanien besuchen.

Subordinating conjunctions

 AQA A   AQA B
EDEXCEL
OCR
WJEC
NICCEA

Conjunctions are joining words (connectives) and can be used to connect your ideas into longer, more impressive sentences.

Here is a complete list of subordinating conjunctions:

als – when	*damit* – so that
bis – until	*ob* – if, whether
bevor – before	*obwohl* – although
da – since (reason)	*seit* – since
dass – that	*sobald* – as soon as
falls – in case	*sodass* – so that
indem – by …ing	*während* – while, during
nachdem – after	*wenn* – when (ever), if
weil – after	

When using any of the subordinating conjunctions you **must** remember that they send the **verb** to the end of the **clause**:

e.g. Ich war in Amerika. Ich hatte einen Unfall.
Ich war in Amerika, **als** ich einen Unfall hatte.

PROGRESS CHECK

Link the following pairs of sentences with the conjunction in brackets.

1. Man muss Cambridge besuchen. Man ist in England auf Urlaub. (wenn)
2. Mein Urlaub hat mir gefallen. Es war immer viel los. (weil)
3. Ich habe Postkarten gekauft. Ich bin in Rom angekommen. (sobald)
4. Wir hatten viel Spaß. Wir waren auf dem Schiff. (während)
5. Ich musste im Bett bleiben. Es hat stark geregnet. (da)

1. Man muss Cambridge besuchen, wenn man in England auf Urlaub ist.
2. Mein Urlaub hat mir gut gefallen, weil immer viel los war.
3. Ich habe Postkarten gekauft, sobald ich in Rom angekommen bin.
4. Wir hatten viel Spaß, während wir auf dem Schiff waren.
5. Ich musste im Bett bleiben, da es stark geregnet hat.

Connectives

AQA A   AQA B
EDEXCEL
OCR
WJEC
NICCEA

You will be rewarded for the use of longer sentences in the examination, and **connectives** can enable you to do this.

Practise putting sentences together using these words.

Adverbs of time

bald – soon	**jetzt** – now	**sofort** – immediately
damals – then	**lange** – for a long time	**sogleich** – immediately
danach – afterwards	**manchmal** – sometimes	**spät** – late
dann – then	**morgen** – tomorrow	**stets** – always
früh – early	**nachher** – afterwards	**täglich** – daily
gestern – yesterday	**neulich** – recently	**vorher** – beforehand
gleich – at once	**nun** – now	**zeitweise** – at times
gleichzeitig – at the same time	**oft** – often	**zuerst** – at first
heute – today	**rechzeitig** – in good time	**zugleich** – at the same time
heutzutage – nowadays	**seither** – since then	**zulezt** – at last
immer – always	**selten** – seldom, rarely	

Sample GCSE questions

Speaking

Role-play 1

You are on holiday in Switzerland and meet a young girl/boy at the disco.

1. Say where you come from.
2. Say when you arrived.
3. Say that you like the country.
4. Mention something that you did yesterday.
5. Ask if s/he would like to come swimming with you.

Examiner's role and suggested answers

Examiner	*Ich möchte mit dir über die Ferien reden.*
	Hallo. Wo kommst du her?
Candidate	*Ich komme aus England/Schottland/Wales/Irland.*
Examiner	*Wann bist du in Luzern angekommen?*
Candidate	*Vor zwei Tagen.*
Examiner	*Wie findest du es hier in der Schweiz?*
Candidate	*Es ist ziemlich schön.*
Examiner	*Was hast du gestern gemacht?*
Candidate	*Wir haben eine Stadtrundfahrt gemacht.*
Examiner	*Luzern ist sehr malerisch.*
Candidate	*Möchtest du heute Nachmittag schwimmen gehen?*

← *There is an opportunity to use the past tense. There are many possible answers – try to think logically.*

Role-play 2

You are in the station in Münster.

You start the conversation.

1. Ask the time of the next train to Münster.
2. Ask how long the journey takes.
3. Ask where you have to change.
4. Answer the question.
5. Say that you want to reserve a seat.

Examiner's role and suggested answers

Candidate	*Wann fährt der nächste Zug nach Münster?*
Examiner	*In einer halben Stunde.*
Candidate	*Wie lange dauert die Fahrt?*
Examiner	*Anderthalb Stunden.*
Candidate	*Wo muss ich umsteigen?*
Examiner	*Der Zug fährt direkt. Wann wollen Sie zurückkommen?*

← *Listen for the key question word:* Wann.

Sample GCSE questions

Candidate   Heute Abend.
Examiner   Es gibt einen Zug heute Abend um 19 Uhr ab Münster.
Candidate   Ich möchte bitte einen Platz reservieren.

Role-play 3

You are in a hotel in Switzerland with your family. The examiner will play
the part of the receptionist.

1.   Ask if they have any rooms available.
2.   Say 'Yes, and a double room'.
3.   Ask if they are on the first floor.
4.   Say three bags.
5.   Ask when the evening meal is.

Examiner's role and suggested answers

Examiner   Guten Abend, kann ich Ihnen helfen?
Candidate   Haben Sie Zimmer frei?
Examiner   Ein Einzelzimmer?
Candidate   Ja, und ein Doppelzimmer.   ← Remember to answer with Yes + the extension.
Examiner   In Ordnung. Zimmer zweiundzwanzig und
*   dreiundzwanzig.*
Candidate   Sind die Zimmer im ersten Stock?
Examiner   Nein, im zweiten. Haben Sie Gepäck mit?
Candidate   Ja, wir haben drei Taschen.
Examiner   Bitte.
Candidate   Wann gibt's Abendessen?

Exam practice questions

Listening

1 TRACK **13**

Ein Deutscher und seine Frau besprechen eine Reise nach London.
Kreuzen Sie das Kästchen unter der Person an, die folgendes sagt:

Abschnitt 1	**der Mann**	**die Frau**
(a) Diese Person will mit dem Flugzeug fliegen.	☐	☐
(b) Diese Person ist nie seekrank.	☐	☐
(c) Diese Person ißt nicht gern im Restaurant an Bord.	☐	☐
(d) Diese Person sieht gern die Landschaft an.	☐	☐
(e) Diese Person will mit der Fähre fahren.	☐	☐

Abschnitt 2 | |
---|---|---
(f)   Diese Person zieht kürzere Reisen vor. | ☐ | ☐
(g)   Diese Person will direkt in der Innenstadt ankommen. | ☐ | ☐
(h)   Diese Person schlägt vor, durch den Tunnel zu fahren. | ☐ | ☐
(i)   Diese Person sagt, daß die Züge nicht immer pünktlich ankommen. | ☐ | ☐
(j)   Diese Person sagt, daß sie mit dem Zug ganz in der Nähe ihres Hotels ankommen werden. | ☐ | ☐   **[10]**

2 TRACK **14**

You are acting as an interpreter for a group of American tourists who are visiting Bremen. You are listening to a German guide. You have to tell your American friends what your German guide is saying. Fill in the blanks in English.

The tour lasts (a) .... It begins at the (b) .... and ends in

the *Schnoorviertel* where there are (c) .... and (d) .... to be found.

There are good places to eat and drink (e) .... .The meeting place for tourists

and inhabitants alike is the (f) .... which has been there since

(g) .... The market place is (h) .... and trams are the only

vehicles allowed to cross it.

[10]

Exam practice questions

3 TRACK **15**   TRACK **16**

You want to travel to Koblenz. You are told what time the next train leaves. What time does the train leave? Tick the box which has the appropriate time on the clock next to it.

a) ☐   **b)** ☐   **c)** ☐   **d)** ☐   **[1]**

You want to go to the airport. You are told to catch a bus. Which number should you take?

a) 5 ☐   **b)** 15 ☐   **c)** 35 ☐   **d)** 25 ☐   **[1]**

4 TRACK **17**

Sylvia und Nils sind im Hotel.

a) Wann beginnt das Frühstück?

.... **[1]**

b) Wann beginnt das Abendessen?

.... **[1]**

c) Was darf man nicht mitnehmen?

.... **[1]**

d) Was gefällt Nils nicht am Flughafen?

.... **[1]**

e) Wie lange bleiben sie im Hotel?

.... **[1]**

AQA 1999

Exam practice questions

5 **TRACK 18**

Wählen Sie das richtige Wort aus der Liste!

abends	bekannter	essen	kühl	liegt
Luft	meist	moderner	nachmittags	*Österreich*
schlechtem	schon	Sommer	Tal	Touristen
übernachten	viele	warm	wenige	Wetter

Beispiel: Mayrhofen liegt in ...*Österreich*... .

1.   Mayrhofen liegt in einem ....

2.   In der Stadt kann man besonders gut ....

3.   Kurkonzerte gibt es nur ....

4.   Die Stadt ist ein .... Skiort.

5.   Man kann in der Gegend im Winter und im .... skifahren.

6.   Es gibt sehr .... Sportmöglichkeiten in Mayrhofen.

7.   Im Schwimmbad ist das Wasser ....

8.   Das Kinderprogramm ist auch bei .... Wetter gut.

9.   Der Ort ist wegen der .... auch sehr gesund.

[9]

OCR 2000

Exam practice questions

Reading

1 Lies die Postkarten!

Liebe Susi!

Wir verbringen die Herbstferien in Nordwales. Hier ist das Wetter sehr kalt. Gestern waren wir auf Snowdon: das ist der höchste Berg in Wales. Leider hatten wir keine gute Aussicht, denn es war so wolkig. Trotzdem ist die Gegend sehr schön und es gibt nicht zu viele Touristen zu dieser Jahreszeit. Morgen wollen wir auf die Insel Anglesey fahren. Ich habe mich mit ein paar Mädchen aus der Stadt unterhalten. Sie reden Walisisch miteinander: das hört sich so toll an! Sie haben mir gesagt, daß die Insel Ynys Môn auf Walisisch heißt.

Bis bald,

Deine Angelika

Liebe Susi!

Wir sind am Mittwoch hier in Dublin angekommen. Leider war es sehr regnerisch am Flughafen, aber am nächsten Tag ist es schöner geworden. Ich finde die Leute sehr freundlich hier. Wir haben einige junge Leute aus Galway an der Westküste kennengelernt. Sie haben uns eingeladen, ein paar Tage bei ihnen zu verbringen. Ich hoffe, daß wir übermorgen hinfahren können, denn ich war noch nie im Westen. Es soll da sehr schön sein. Dublin ist sehr lebendig und das Nachtleben ist toll.

Also, bis dann,

Petra

Wer ist das? Schreibe den richtigen Namen in die Lücke!

(i) .... ist ins Gebirge gefahren.

(ii) .... ist geflogen.

(iii) .... hatte am zweiten Tag besseres Wetter.

(iv) .... konnte wegen des Wetters nicht viel sehen.

(v) .... meint, es gibt abends viel in der Stadt zu tun.

(vi) .... hat ein bißchen Walisisch gelernt. **[6]**

WJEC 2000

Exam practice questions

2

Der Kleine Käfer Ganz Gross

Das Comeback des kleinen Kultautos VW-Käfer beschäftigt seit Monaten die ganze Welt. In Amerika gab es Verkehrsstaus, als die ersten Käfer auf der Straße zu sehen waren. In Australien haben bereits 3 000 Leute das kleine Auto vorbestellt. In Mexiko kann man gar nicht so schnell neue Käfer produzieren, wie sie weltweit verkauft werden. Und in Deutschland sind die Fans verärgert weil sie deshalb so lange auf ihr Lieblingsauto warten müssen.

In den 60er Jahren war der VW-Käfer das Kultauto der Hippies und Studenten. Damals kostete er 4600 Mark. Doch dann stoppte VW vor etwa 30 Jahren die Käferproduktion in Europa und konzentrierte sich auf neue Modelle. Nur in Mexiko wurde der Käfer weiter produziert weil in Südamerika die Nachfrage noch riesig war. Und dort sollen jetzt pro Jahr auch 130 000 der neuen Käfer hergestellt werden. Wer sich das neue Modell kaufen will, muss aber tief in die Tasche greifen. Der Käfer ist längst kein Studentenauto mehr und kostet wegen seiner technischen Ausstattung rund 30 000 Mark.

© Aktuell 1999

---

1. What happened in America when the car was relaunched? [1]
2. In which other country has there been a considerable amount of interest? [1]
3. What is the main problem in Germany? [1]
4. Why was production of the cars continued in Mexico? [1]
5. Give one reason for the cost of the new car. [1]

3

HOTEL BEATE
CUXHAVEN
Tel 23011

Lage:	Das Hotel liegt direkt am Strand.
Mahlzeiten:	Frühstücksbuffet
	Abendessen mit kalten und warmen Speisen
Zimmer mit:	Dusche
	Fernsehapparat
	Telefon
Kinder:	Kinder haben einen sicheren Spielplatz draußen und ein kleines Hallenbad.
Unterhaltung:	Wassersportmöglichkeiten am Strand. Es gibt mehrere Geschäfte in der Stadt. Abends tanzt man auf der Terrasse.

Exam practice questions

Answer the following questions in English.

a) Where in Cuxhaven is the Hotel Beate? **[1]**

....

b) Which **two** meals are provided at the hotel? **[2]**

(i) ....

(ii) ....

c) What do all rooms have? Name **two** items. **[2]**

(i) ....

(ii) ....

d) Name **one** of the facilities for children. **[1]**

....

e) Name **two** of the possible entertainments. **[2]**

(i) ....

(ii) ....

Edexcel 1999

4

> Willkommen in Nordhorn!
>
> Wir wünschen Ihnen viel Freude und einen angenehmen Aufenthalt bei uns.
>
> Wir bieten eine große Auswahl an leckeren Speisen aus der deutschen Küche in den zahlreichen, gemütlichen Straßencafés.
>
> Bummeln Sie durch die Fußgängerzone in der attraktiven und abwechslungsreichen Innenstadt.
>
> Viele preisgünstige Geschäfte laden Sie ein. Sie werden ein sehr reiches Warenangebot finden.
>
> Besuchen Sie unseren Familienzoo im Grünen (auf etwa 40.000 m^2 mit Naturschutzausstellungen).
>
> Es gibt über 15.000 kostenlose Parkplätze in der Nähe des Stadtzentrums.
>
> Weitere Informationen erhalten Sie beim Verkehrsamt in der Firnhaberstraße, montags bis freitags, 9.00 bis 18.00.

Exam practice questions

Was gibt es in Nordhorn? Kreuze die 4 richtigen Antworten an **X**.

Beispiel:	ausgezeichnete Einkaufsmöglichkeiten	**X**
(a)	Weltklassezirkus	
(b)	täglich geöffnetes Touristenbüro	
(c)	Parken zum Nulltarif	
(d)	verkehrsfreies Vergnügen	
(e)	umweltfreundlichen Tiergarten	
(f)	lustige Bootsfahrten	
(g)	vielseitige Gastronomie	
(h)	Nordhorner Musiknacht	

[4]

Edexcel 1999

Writing

1 You are on holiday in Austria and decide to send a postcard to your friend in Bonn.

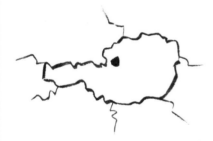

Exam practice questions

2

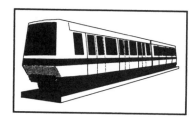 

Sieh dir die Bilder an!

Beantworte die Fragen in ganzen Sätzen!

Schreibe 10 Dinge! **[20]**

(i)   Wie fährst du normalerweise auf Urlaub?

(ii)   Wohin bist du letztes Jahr auf Urlaub gefahren?

(iii)   Wie bist du hingefahren?

(iv)   Beschreibe deinen Urlaub (3 Dinge).

(v)   Wohin fährst du nächstes Jahr auf Urlaub?

(vi)   Wie fährst du am liebsten?

(vii)   Was sind, deiner Meinung nach, die Vor- und Nachteile der verschiedenen Verkehrsmittel? (Schreib 2 Dinge zu diesem Punkt.)

WJEC 1999

This is a higher level question which you can attempt yourself. No suggested answer is given. The question gives you opportunities to use present and past tenses as well as having to offer opinions about different types of transport. You could ask your teacher to correct your answer for you.

Exam practice questions

3 Du nimmst an einer Klassenfahrt einer deutschen Schule teil. Du sollst für die Gruppe (16 Personen) eine Unterkunft aussuchen.

Die Gruppe fährt im Mai nach Berlin und braucht Auskunft über die Gegend. Sie will auch eine Radtour machen, und dazu braucht sie Fahrräder.

Schreib einen Brief an eine Jugendherberge.

The following piece of work could be used as an example of written work or could be adapted to allow you to give a presentation about your area.

If you use it as a presentation, try to think of the type of questions you could be asked by your teacher.

4 Dein Freund/deine Freundin kommt diesen Sommer nach England.

Kannst du einen Brief schreiben, in dem du deine Gegend beschreibst?

Possible questions: Was machen die Touristen hier im Sommer?
Wo kann man am besten einkaufen gehen?
Fährst du oft nach Newcastle?
Wie weit ist es von deiner Stadt bis zur Küste?
Was kann man abends machen?

Record yourself making the presentation as well as preparing answers to the questions.

....

....

....

....

....

....

Einkaufen

(Shopping)

The following topics are covered in this chapter:

- Meals and drinks
- Shopping for food and drink
- Recipes
- Shopping
- Money
- Lost property
- Grammar

4.1. Meals and drinks

After studying this section you should be able to:

- describe what you eat and drink each day
- describe and compare meals in the UK and Germany
- understand menus and recipes
- order food and drink in a restaurant/snack bar
- complain about your meal

Essen im Restaurant oder zu Hause (Eating in a restaurant or at home)

AQA A | AQA B
EDEXCEL
OCR
WJEC
NICCEA

Most German families eat three meals each day. Breakfast is very similar to ours, but you will find that some families still eat a variety of cheeses and cold cooked meats with their bread in the morning.

Schools do not have facilities to cook meals for students, so teenagers need to eat before they go to school or they will be very hungry.

Lunch is eaten at home or work. At home, teenagers will sometimes eat a hot cooked meal or a snack.

In the evening, the family will eat together if possible, and there will be a variety of food available.

German teenagers drink lots of water or juice without added sugar, and there is a health education campaign in Germany to encourage people to eat less fat and to eat more fruit and vegetables.

There have been concerns about genetically modified produce. A number of health food stores carry a wide range of organic foods and foods designed to promote a healthy lifestyle.

Meals and drinks

das Abendessen (-) – dinner, evening meal

der Apfelkuchen (-) – apple tart

der Apfelsaft – apple juice

der Apfelstrudel (-) – apple strudel

der Aufschnitt – mixed cold meats

die Bar (-s) – bar

die Bedienung – service, service charge

der Berliner (-) – doughnut

das Bier (-e) – beer

die Bierhalle (-n) – beer hall

die Bockwurst (-würste) – frankfurter

der Braten – roast meat

das Brathähnchen (-) – roast chicken

die Bratwurst (-würste) – fried sausage

die britische Küche – British food

das Café (-s) – café

die chinesische Küche – Chinese food

die Chips *pl* – crisps

die Cola (-s) – Coca-Cola ®, coke

die Currywurst (-würste) – curried sausage

draußen – outside

drinnen – inside

der Eintopf (Eintöpfe) – casserole, stew

das Eis – ice cream

das Essen (-) – food, meal

am Fenster – by the window

die Frikadelle (-n) – rissole

die Friten *pl* – chips

das Frühstück (-stücke) – breakfast

das Gasthaus (-häuser) – pub, inn

der Gasthof (-höfe) – pub, inn

die Gaststätte (-n) – pub

das Gericht (-e) – dish

der Geruch (Gerüche) – smell

der Geschmack (Geschmäcke) – taste, flavour

der Hamburger (-) – beefburger

das Hauptgericht (-e) – main dish

die Hühnerbrühe (-n) – chicken soup

der Imbiss (Imbisse) – snack

die Imbissstube (-n) – fast food restaurant, snack bar

(nicht) inbegriffen – (not) included

der Inhaber (-) – owner

die Jägerwurst (-würste) – sausage with mushroom sauce

der Joghurt (-s) – yoghurt

der Kaffee (-s) – coffee

Kaffee und Kuchen – afternoon coffee

das Kaffeehaus (-häuser) – coffee bar

der Kakao (-s) – cocoa

das Kalbsschnitzel (-) – veal escalope

die kalte Platte – mixed cold meats

das Kännchen (-) – individual pot

das Käsebrot (-e) – cheese sandwich

der Käsekuchen (-) – cheesecake

der Kassierer (-) – till operator

der Kellner (-) – waiter

die Kellnerin (-nen) – waitress

die Kneipe (-n) – pub

der Koch (Köche) – cook, chef

das Kompott – stewed fruit

die Konditorei (-en) – café, cake shop

das Kotelett (-s) – chop

der Kuchen (-) – cake, gateau

der Kunde (-n) *wk* – male customer

die Kundin (-nen) – female customer

die Limonade (-n) – lemonade

das Mittagessen (-) – lunch, midday meal

die MwSt/Mehrwertsteuer – VAT

das Menü (-s) – set price menu

das Mineralwasser – mineral water

der Nachtisch (-e) – dessert

der Obstsalat – fruit salad

das Omelett (-s) – omelette

der Orangensaft (-säfte) – orange juice

die Pastete (-n) – pâté

das Picknick (-s) – picnic

das Pils (-) – lager

die Pizza (-s) – pizza

die Pommes *pl* – chips

die Pommes Frites *pl* – chips

der Pudding (-) – cold milk dessert

die Quittung (-en) – receipt

der Ratskeller (-) – town hall cellar restaurant

die Rechnung (-en) – bill

das Restaurant (-s) – restaurant

das Rezept (-e) – recipe

der Rheinwein (-e) – Rhine wine

der Rinderbraten – roast beef

der Rotwein (-e) – red wine

der Saft (Säfte) – fruit juice

der Sauerbraten – pickled roast beef

das Schinkenbrot (-e) – ham sandwich

die Schlagsahne – whipped cream

der Schnellimbiss (-e) – take-away meal

die Schokolade – chocolate

das Schokoladeneis – chocolate ice cream

das Schweinekotelett (-s) – pork chop

das Schweineschnitzel (-) – pork escalope

der Sekt – sparkling wine

die Selter (-) – sparkling mineral water

der Senf – mustard

die Speisekarte (-n) – menu

das Steak (-s) – steak

das Stehcafé (-s) – quick café

die Suppe (-n) – soup

das Tagesgericht (-e) – dish of the day

die Tageskarte (-n) – menu of the day

der Tee (-s) – tea

das Telefon (-e) – telephone

auf der Terrasse – on the terrace

der Tomatensalat (-e) – tomato salad

die Torte (-n) – gateau, flan

das Trinkgeld (-er) – tip (money)

die Trinkhalle (-n) – drinks stand

die **Vorspeise** (-n) – starter	das **Wirthaus** (-häuser) – hotel	der **Zettel** (-) – chit
die **Waffel** (-n) – waffle	die **Wirtschaft** (-en) – pub	die **Zigeunerwurst** (-würste) –
der **Wein** (-e) – wine	die **Wurst** (Würste) – sausage	sausage with paprika sauce
die **Weinstube** (-n) – wine bar	die **Wurstbude** (-n) – sausage	der **Zitronentee** (-s) – lemon tea
der **Weißwein** (-e) – white wine	stand	

das Bier   **der Kaffee**   **das Mineralwasser**

4.2 *Shopping for food and drink*

After studying this section you should be able to:
- buy food and drink for meals and picnics
- understand advertisements for food and drink in a supermarket
- deal with a variety of role-play situations

Zutaten (Ingredients)

AQA A   AQA B
EDEXCEL
OCR
WJEC
NICCEA

There are a number of supermarkets in Germany, and most large department stores also have a food hall where you can buy a variety of products.

Snack bars (*Imbissstände, Wurstbuden*) can be found in all German towns and cities. Teenagers eat a variety of snacks, but the most popular is a *Bratwurst* or a *Currywurst*. It is also worth noting that most Germans eat their chips with *Mayonnaise*, and that *eine große Portion Pommes mit Mayo* is one of the most popular orders at the *Imbissstand* or *Wurstbude*.

Restaurants include the usual variety of Italian and Chinese as well as those specialising in German foods. One of the most common dishes in a restaurant is *Schnitzel*, served with a variety of sauces.

A speciality in Germany is *Kaffee and Kuchen*.

Ingredients

die **Ananas (-)** – pineapple
die **Apfelsine (-n)** – orange
die **rote Beete (-n)** – beetroot
die **Birne (-n)** – pear
der **Blumenkohl** – cauliflower
die **Bohne (-n)** – bean
die **dicke Bohne (-n)** – broad bean
die **grüne Bohne (-n)** – green bean
der **Bonbon (-s)** – (boiled) sweet
der **Brokkoli** – broccoli
die **Brombeere (-n)** – blackberry
das **Brötchen (-)** – bread roll
die **Cornflakes** *pl* – cornflakes
das **Ei (-er)** – egg
die **Ente (-n)** – duck
die **Erbsen** *pl* – peas
die **Erdbeere (-n)** – strawberry
der **Essig** – vinegar
die **Fischstäbchen** *pl* – fish fingers
die **Forelle (-n)** – trout
der **Fruchtsaft (-säfte)** – fruit juice
das **Geflügel** – poultry
das **Gemüse** – vegetables
das **Hackfleisch** – mince
das **Hammelfleisch** – mutton
die **Himbeere (-n)** – raspberry

der **Honig** – honey
der **Hummer (-)** – lobster
die **schwarze Johannisbeere (-n)** – blackcurrant
der **Kabeljau** – cod
das **Kalbfleisch** – veal
das **Kaninchen** – rabbit
die **Karotte (-n)** – carrot
die **Kartoffel (-n)** – potato
der **Käse** – cheese
die **Kirsche (-n)** – cherry
der **Kohl** – cabbage
der **Kopfsalat** – lettuce
das **Kotelett (-e)** – chop, cutlet
die **Krabbe (-n)** – shrimp
der **Krebs (-e)** – crab
der **Lachs** – salmon
das **Lammfleisch** – lamb
die **Limone (-n)** – lime
die **Magermilch** – skimmed milk
die **Marmelade (-n)** – jam
das **Mehl** – flour
die **Muscheln** *pl* – mussels
die **Nudeln** *pl* – pasta, noodles
das **Obst** *no pl* – fruit
das **Öl** – oil

die **Orangenmarmelade** – marmalade
der **Pfirsich (-e)** – peach
die **Pflaume (-n)** – plum, prune
der **Pilz (-e)** – mushroom
der **Reis** – rice
das **Rindfleisch** – beef
der **Rosenkohl** *no pl* – Brussels sprout(s)
die **Sahne** – cream
das **Sauerkraut** – pickled cabbage
der **Schinken** – ham
das **Schweinefleisch** – pork
der **Spinat** – spinach
die **Stachelbeere (-n)** – gooseberry
die **Suppe (-n)** – soup
die **Süßigkeiten** *pl* – sweets
der **Thunfisch (-e)** – tuna
der **Truthahn (-hähne)** – turkey
die **Vollmilch** – full-fat milk
die **Weintraube (-n)** – grape
die **Zitrone (-n)** – lemon
der **Zucker** – sugar
der **Zuckermais** – sweetcorn
die **Zwiebel (-n)** – onion

das Ei   **die Erdbeere**   **die Karotte**

der Käse   **der Kohl**   **die Zwiebel**

4.3 Recipes

LEARNING SUMMARY

After studying this section you should be able to:

● *understand German recipes*
● *understand the instructions for making a meal*
● *write simple instructions for an English recipe, e.g. shepherd's pie*

Essen kochen (Preparing food)

AQA A AQA B
EDEXCEL
OCR
WJEC
NICCEA

Germans enjoy cooking and you may want to buy a simple recipe book and try cooking a typical German dish for your family.

der Knoblauch

die Petersilie

Recipes

abschmecken *sep* – to flavour
bräunen – to brown, fry gently
einen Esslöffel – a tablespoon(ful)
auf kleiner Flamme – on a low heat
füllen – to fill
gebuttert – buttered
gehackt – minced
gekocht – boiled
gerieben – grated

gewürzt – spicy
die Gewürze *pl* – spices
gießen *irreg* – to pour
bei mäßiger Hitze – in a moderate oven
der Knoblauch – garlic
kochen – to cook, to boil
kochen lassen *irreg* – to bring to the boil
man braucht – you need, take

mischen – to mix
die Petersilie – parsley
eine Prise – a pinch of
schälen – to peel
schlagen *irreg* – to beat
schneiden *irreg* – to cut
einen Teelöffel – a teaspoon(ful)
vorbereiten *sep* – to prepare
würzen – to season
zerschneiden *irreg* – to cut up

4.4 Shopping

After studying this section, you should be able to:

LEARNING SUMMARY

- *understand signs in a department store*
- *buy clothes for yourself and other people*
- *exchange faulty clothes in a shop*
- *talk about the clothes you wear to school*
- *talk and write about casual clothes*

Kleider und Souvenirs kaufen (Shopping for clothes and souvenirs)

AQA A AQA B
EDEXCEL
OCR
WJEC
NICCEA

die Armbanduhr

das Mountainbike

Gifts and souvenirs

die Armbanduhr (-en) – watch
die CD (-s) – CD
der Computer (-) – computer
das Computerspiel (-e) – video game
einwickeln *sep* – to wrap up, to gift-wrap
der Faschingsdienstag – Shrove Tuesday
der Geburtstag (-e) – birthday
die Geburtstagsparty (-s) – birthday party
Das ist ein Geschenk – It's a present

die Gürteltasche (-n) – bumbag
das Haarband (-bänder) – scrunchie
die Halskette (-n) – necklace
der Heiligabend – Christmas Eve
die Hochzeit (-en) – wedding
die Kassette (-n) – cassette
die kirchliche Trauung – church wedding
das Mountainbike (-s) – mountain bike
der Muttertag – Mother's Day
das Neujahr – New Year's Day

die Ohrringe *pl* – earrings
das Osterei (-er) – Easter egg
der Regenschirm (-e) – umbrella
der Ring (-e) – ring
Silvester – New Year's Eve
die Tasche (-n) – pocket, bag
der Weihnachtsbaum (-bäume) – Christmas tree
der Weihnachtsmann (-männer) – Father Christmas
der erste Weihnachtstag – Christmas Day

der Hut  **die Hose**  **das Hemd**

Shopping for clothes

der Anorak (-s) – anorak

der Anzug (Anzüge) – (gents') suit

der Badeanzug (-anzüge) – swimsuit

die Badehose (-n) – swimming trunks

der Bademantel (-mäntel) – dressing gown

aus Baumwolle – made of cotton

der Bikini (-s) – bikini

billig – cheap

dunkel – dark (colour)

eng – tight, narrow

gestreift – striped

die Größe (-n) – size

Welche Größe? – What size is it?

Größe 36 – size 10

Größe 38 – size 12

Größe 40 – size 14

Größe 42 – size 16

günstig – good value (of prices)

der Gürtel (-) – belt

der Handschuh (-e) – glove

der Hausschuh (-e) – slipper

hell – light (colour)

das Hemd (-en) – shirt

die Hose (-n) – pair of trousers

der Hut (Hüte) – hat

die Jacke (-n) – jacket

das Kleid (-er) – dress, *pl* also: clothes

die Krawatte (-n) – tie

aus Kunstfaser – made of man-made fibres

kurz – short

lang – long

aus Leder – made of leather

die Leggings *pl* – leggings

der Mantel (Mäntel) – coat, overcoat

aus Metall – made of metal

die Mode (-n) – fashion

das Nachthemd (-en) – nightdress

preiswert – good value

der Pullover (-) – pullover

der Regenmantel (-mäntel) – raincoat

der Rock (Röcke) – skirt

der Schal (-s) – scarf

der Schlafanzug (-anzüge) – pair of pyjamas

der Schlips (-e) – tie

der Schuh (-e) – shoe

Welche Schuhgröße haben Sie? – What size shoes do you take?

Größe 37 – size 4 (shoe)

Größe 42 – size 9 (shoe)

aus Seide – made of silk

der Slip (-s) – pair of knickers

die Socke (-n) – sock

der Stiefel (-) – boot

die Strumpfhose (-n) – pair of tights

das Sweatshirt (-s) – sweatshirt

das T-Shirt (-s) – T-shirt

der Trainingsanzug (-züge) – tracksuit

die Turnschuhe *pl* – trainers

die Unterhose (-n) – pair of underpants

aus Wolle – made of wool

aus zweiter Hand – second-hand

Making complaints

die Batterie (-n) – battery

die Beschwerde (-n) – complaint

sich beschweren – to complain

zu breit – too wide

eingelaufen – shrunk

zu eng – too tight, too narrow

enttäuscht – disappointed

eingerissen – torn

fallen lassen *irreg* – to drop

funktionieren – to work, function

gewährleisten – to guarantee

zu groß – too big

kaputt – broken, not working

der Knopf (Knöpfe) – button

zu kurz – too short

das Leck (-s) – leak

das Loch (Löcher) – hole

die Quittung (-en) – receipt

der Reißverschluss (-schlüsse) – zip

reinigen lassen *irreg* – to have cleaned

reparieren – to mend, repair, fix

reparieren lassen *irreg* – to have mended

zu teuer – too expensive

verstopft – blocked

die Waschanleitung – washing instructions

zurückkommen *irreg sep* – to come back

Conversation: Grades C–A*

AQA A AQA B
EDEXCEL
OCR
WJEC
NICCEA

Use of *weil* to extend answer.

Was hast du letzten Samstag gemacht?

Ich bin mit meinen Freunden nach London gefahren.

Warum?

Ich wollte eine neue Jacke kaufen, weil ich nächsten Samstag auf eine Party gehe. Mein Freund/meine Freundin wollte eine Jeans kaufen.

Wohin seid ihr gegangen?

Wir sind in ein großes Kaufhaus gegangen, aber ich konnte keine Jacke finden. Mein Freund/meine Freundin wollte eine bestimmte Jeansmarke kaufen, und endlich haben wir sie gefunden.

Wohin seid ihr gegangen?

Danach sind wir in ein Modegeschäft gegangen, und ich habe viele Jacken anprobiert. Schließlich habe ich eine gefunden, die mir gut passte.

Use of extension in relative clause.

Wann habt ihr zu Mittag gegessen?

Gegen ein Uhr sind wir in ein Restaurant gegangen. (*Say what you both ate and drank and who paid the bill.*)

Was habt ihr nach dem Mittagessen gemacht?

Danach sind wir in ein Musikgeschäft gegangen und haben uns CDs angehört.

Habt ihr da etwas gekauft?

Leider nicht, weil wir nicht genug Geld hatten.

Was würdest du kaufen, wenn du viel Geld hättest?

Ich würde viel Kleidung und Schmuck kaufen. Ich würde Jeans, Kleider, Blusen und eine Lederjacke kaufen. Ich würde in ein großes Einkaufszentrum gehen und den ganzen Tag dort verbringen.

4.5 Money

LEARNING SUMMARY

After studying this section you should be able to:

- *understand and deal with money in a variety of situations*
- *deal with a variety of situations in the post office*

Geld und Dienstleistungen (Services and money)

AQA A AQA B
EDEXCEL
OCR
WJEC
NICCEA

Money

das Bargeld – cash

die Börse (-n) – stock exchange

das Darlehen (-) – loan

das Geld – money

der Geldautomat (-en) – cash dispenser

der Geldschein (-e) – note

der Geldwechsel – currency exchange

das Kleingeld – small change

die Kreditkarte (-n) – credit card

leihen *irreg* – to borrow, lend

die Münze (-n) – coin

der Reisescheck (-s) – travellers' cheque

der Scheck (-s) – cheque

einen Scheck einlösen *sep* – to cash a cheque

das Scheckheft (-e) – cheque book

die Scheckkarte (-n) – bank card

sparen – to save up

die Sparkasse (-n) – savings bank

die Währung (-en) – currency

der Wechselkurs (-e) – exchange rate

wechseln – to change (money)

die Wechselstube (-n) – bureau de change

die Postkarte

das Paket

das Päckchen

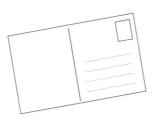 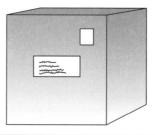

Post office

ins Ausland – (to) abroad

der Brief (-e) – letter

der Briefkasten (-kästen) – letter box

die Briefmarke (-n) – stamp

dringend – urgent

einwerfen *irreg sep* – to post

das Formular (-e) – form

ein Formular ausfüllen *sep* – to fill in a form

die letzte Leerung – the last collection

die nächste Leerung – the next collection

per Luftpost – by air mail

das Päckchen (-) – small parcel

das Paket (-e) – parcel

die Post – post office, mail

die Postkarte (-n) – postcard

der Schalter (-) – counter position

die Telefonkarte (-n) – phone card

unterschreiben *irreg sep* – to sign

Wie lange? – How long?

Wie viele? – How many?

Wieviel? – How much?

4.6 *Lost property*

After studying this section you will be able to:
- *report a loss of personal property*
- *describe the item lost*

Im Fundbüro (At the lost-property office)

AQA A   AQA B
EDEXCEL
OCR
WJEC
NICCEA

If you lose anything on holiday, it may worth trying a visit to the lost-property office at the airport or station.

der Rucksack　　　**der Koffer**　　　**der Regenschirm**

Lost property

alt – old	**die Kamera (-s)** – video camera	**der Regenschirm (-e)** – umbrella
aus Baumwolle – cotton	**klein** – small	**aus Seide** – silk
die Brieftasche (-n) – wallet	**der Koffer (-)** – suitcase	**suchen** – to look for
finden – to find	**liegen lassen** – to leave behind	**der Rucksack (-säcke)** – rucksack
der Fotoapparat (-e) – camera	**aus Leder** – leather	**der Schlüssel (-)** – key
die Form – shape	**die Marke** – make	**der Schlüsselring (-e)** – key ring
Haben Sie … gefunden? – Have you found …?	**aus Metall** – metal	**verlieren** – to lose
groß – large	**neu** – new	**Ich habe … verloren.** – I have lost … .
die Größe – size	**der Pass** – passport	**aus Wolle** – woollen
die Handtasche (-n) – handbag	**das Portemonnaie (-s)** – purse	

4.7 *Grammar*

After studying this section you should be able to:

- **use pronouns to improve your writing and speaking**
- **use impersonal verbs to improve the style of your writing**
- **recognise and use question words more easily**
- **recognise impersonal verbs**
- **understand and use relative pronouns**

Personal pronouns

Pronouns are words which are used to replace nouns. In the GCSE examination, there are bonus marks for the correct use of pronouns.

KEY POINT
All too often GCSE candidates continue to use *es* meaning 'it' throughout their written work. With some thought and planning, you will soon be able to understand and use pronouns correctly.

Pronouns vary according to the case that they are used in:

e.g. ***Ich*** *gehe in die Stadt* (*ich* is nominative).
Meine Eltern lassen ***mich*** *zu Hause* (*mich* is accusative).
Er ist mit ***mir*** *nach London gefahren* (*mir* is dative).

KEY POINT
When you are using pronouns to describe inanimate objects (e.g. a jumper), it is too easy to think a jumper = it, therefore es. However, because in German the jumper is masculine (der Pullover) the correct pronoun is er.

E.g.: ***Der Pullover*** *ist bunt.*
Er *hat eine Menge Geld gekostet.*

The following table should be learnt.

KEY POINT
Write these pronouns on a postcard and learn them with your case tables and adjective endings.

ich	mich	mir	wir	uns	uns
du	dich	dir	ihr	euch	euch
er	ihn	ihm	sie	sie	ihnen
sie	sie	ihr	Sie	Sie	Ihnen
es	es	ihm			

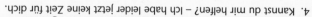

PROGRESS CHECK

Vervollständige die Sätze mit einem Pronomen.

1. Ich habe Heidi einen Pullover gekauft. ... hat viel Geld gekostet.
2. Bist du mit den Kindern gekommen? – Nein, ... sind zu Hause geblieben
3. Die Jacke ist zu klein. Ich habe ... erst letzte Woche gekauft
4. Kannst du mir helfen? – Ich habe leider jetzt keine Zeit für ...

1. Ich habe Heidi einen Pullover gekauft. Er hat viel Geld gekostet.
2. Bist du mit den Kindern gekommen? – Nein, sie sind zu Hause geblieben.
3. Die Jacke ist zu klein. Ich habe sie erst letzte Woche gekauft.
4. Kannst du mir helfen? – Ich habe leider jetzt keine Zeit für dich.

Impersonal verbs

AQA A AQA B
EDEXCEL
OCR
WJEC
NICCEA

Impersonal verbs are usually used in the *es* form, but they can also be used in the plural form. Impersonal verbs have the endings -*t* or -*en* in the present tense.

In Chapter 7 you will be able to revise weather expressions.
All weather verbs are impersonal, see page 131.

In Chapter 6 you will study illnesses – there are a number of impersonal forms:

Es geht mir gut. – I am well.	**Es wundert ihn nicht.** – He is not surprised.
Ihm ist übel. – He is sick.	**Ist dir warm?** – Are you hot?.

Below are some other expressions which are useful for the oral examination. These should be learned and used as often as possible. These expressions indicate that you have a real understanding of the language.

Es ist mir egal. – It's all the same to me.	**Es macht nichts aus.** – It does not matter.
Es tut mir leid. – I am sorry.	**Es schmeckt mir gut.** – I like the taste.
Es gefällt ihm. – He likes it.	**Bohnen schmecken mir.** – I like beans.
Der Pullover gefällt ihr nicht. – She does not like the jumper.	**Es kommt darauf an.** – It depends.

PROGRESS CHECK

Übersetze ins Deutsche:

1. I like the taste of coffee.
2. She likes the CD.
3. It's all the same to us.
4. How are you? (speaking to a friend)

1. Kaffee schmeckt mir. 2. Die CD gefällt ihr. 3. Es ist uns egal. 4. Wie geht es dir?

Question words

AQA A   AQA B
EDEXCEL
OCR
WJEC
NICCEA

It is important that you are able to recognise question words in the oral examination. Many candidates lose marks as they have misheard or misinterpreted a question.

It is a good idea to learn the question words, but also to think of the types of question that you could be asked in the role-plays so that you are not surprised by an unexpected question.

wer?	who?	**wen?**	whom?	**wessen?**	whose?
wem?	to whom?	**mit wem?**	with whom?	**zu wem?**	to whom?
was?	what?	**was für ein?**	what sort of?	**warum?**	why?
wozu?	why?	**wie?**	how?	**wie viele?**	how many?
um wieviel Uhr?	at what time?	**wann?**	when?	**wo?**	where
woher?	from where?	**welcher?**	which	**wohin?**	to where?
welche Farbe?	what colour?	**seit wann?**	since when?		

KEY POINT

Be ready for these possible questions in the oral examination:

Warum besuchen Sie Deutschland?   Um mein Deutsch zu verbessern.
Seit wann bist du krank?   Seit Montag.

Watch for questions using seit wann,
e.g. Seit wann sind Sie in Deutschland?
Seit wann lernen Sie Deutsch?
Wo haben Sie den Koffer verloren?   In der Innenstadt.
Wie können wir Sie erreichen?   Ich wohne bei meiner
Brieffreundin. Ihre
Telefonnummer ist …

Relative pronouns

AQA A   AQA B
EDEXCEL
OCR
WJEC
NICCEA

KEY POINT   Relative clauses are used to add more detail. They allow you to link ideas together and so achieve better results.

What are they?
Look at the following English examples:

My brother, **who** is 19, is studying at Berlin University.
It is the result **which** is important.
She is the girl **whose** mother has just died.

Now look at the German:

Mein Bruder, **der** 19 Jahre alt ist, studiert an der Uni in Berlin.
Es ist das Ergebnis, **das** wichtig ist.
Das ist das Mädchen, **dessen** Mutter vor kurzem gestorben ist.

This is the table for the relative pronouns: you may find it easiest to use the nominative and accusative cases. You can see from the table that these cases are the same as the definite article.

	Masculine	Feminine	Neuter	Plural
Nominative	der	die	das	die
Accusative	den	die	das	die
Genitive	**dessen**	**deren**	**dessen**	**deren**
Dative	dem	der	dem	**denen**

PROGRESS CHECK

Verbinde die Sätze mit einem Relativpronomen.
1. Ich habe zwei Brüder. Sie sind jünger als ich.
2. Sie haben ein kleines Haus. Es hat keine Garage.
3. Wir haben in dem neuen Restaurant gegessen. Es liegt in der Innenstadt.
4. Ich esse diese Wurstsorte gern. Ich habe sie in Österreich oft probiert.

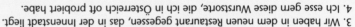

1. Ich habe zwei Brüder, die jünger als ich sind.
2. Sie haben ein kleines Haus, das keine Garage hat.
3. Wir haben in dem neuen Restaurant gegessen, das in der Innenstadt liegt.
4. Ich esse gern diese Wurstsorte, die ich in Österreich oft probiert habe.

Sample GCSE questions

Speaking

Role-play 1 TRACK 19

You are on holiday in Switzerland with your friend. You want a drink and something to eat.

Your teacher will play the part of the waiter or waitress.

Bereiten Sie die 5 Sätze vor.

 2 3  4 5 ?   ?

Examiner	Guten Tag. Was darf es sein?
Candidate	Ich möchte eine Tasse Kaffee.
Examiner	Sonst noch etwas?
Candidate	Ich möchte auch eine Tasse Schokolade.
Examiner	Etwas zu essen?
Candidate	Ich möchte ein Stück Apfelkuchen mit Sahne.
Examiner	Ist das alles?
Candidate	Was kostet das?/Wieviel macht das?
Examiner	Zusammen macht das neunzehn Schilling.
Candidate	Wo sind die Toiletten?
Examiner	Dort hinten.

> In this role-play you have to ask questions. This is an important skill at GCSE.

Role-play 2 TRACK 20

You have torn your friend's trousers.
You go into the town to try to have them repaired.
Bereiten Sie die Sätze vor.

1. Sagen Sie, was passiert ist.
2. Fragen Sie, ob man sie reparieren kann.
3. Fragen Sie, wann Sie sie wieder holen können.
4. Sagen Sie, wem sie gehört.
5. Beenden Sie das Gespräch.

Examiner's role and suggested answers

Examiner	Was kann ich für Sie tun?
Candidate	Ich habe die Hose zerissen.
Examiner	So ein Pech! Wie kann ich Ihnen helfen?
Candidate	Können Sie die Hose reparieren?
Examiner	Ja, aber es wird einige Tage dauern.
Candidate	Wann kann ich die Hose wieder abholen?
Examiner	In vier oder fünf Tagen. Ist es Ihre Hose?
Candidate	Nein, es ist die Hose meines Brieffreunds.
Examiner	Oh, ...
Candidate	Vielen Dank.

> You need to know the genitive to extend your answer.

Sample GCSE questions

Role-play 3 **TRACK 21**

Du bist in einem Fundbüro in einem Bahnhof.

Examiner's role and suggested answers

Examiner	*Kann ich dir helfen?*
Candidate	*Ich habe meine Tasche mit meinem Badeanzug ver-loren.*
Examiner	*Wo hast du sie gelassen?*
Candidate	*Im Zug.*
Examiner	*Und wann war das?*
Candidate	*Gestern morgen um 10 Uhr.*
Examiner	*Wann fährst du nach England?*
Candidate	*(e.g. Nächste Woche/morgen.)*
Examiner	*Leider haben wir keine Tasche wie deine hier im Moment.*
Candidate	*Können Sie mich anrufen oder mir einen Brief senden?*
Examiner	*Freilich, wenn wir sie finden.*

Natural answers will receive the same credit as lengthy ones. Short, sharp and accurate is best.

Learn the question words.

Sample GCSE questions

Writing

1

a) Sie haben diesen Brief von Ihrer Brieffreundin bekommen. Lesen Sie den Brief und schreiben Sie eine passende Antwort darauf. Schreiben Sie 100 Wörter.

Hannover, den 14. Januar

Hallo!

Hier schreibt Liesel. Es geht mir im Moment echt gut. Und Dir?

Letztes Wochenende habe ich viel Spaß gehabt. Am Samstagmorgen bin ich mit meinen Freundinnen in die Stadt gegangen. Wir sind in viele Geschäfte gegangen, und ich habe endlich etwas für die Party bei Peter gefunden. Ich habe einen schönen Minirock gekauft und ein hellgrünes T-Shirt.

Zu Mittag haben wir in Macdonalds gegessen. Wie immer habe ich einen Cheeseburger mit Pommes frites gegessen. Ich habe auch ein großes Eis gegessen. Es hat mir gut geschmeckt.

Gehst Du oft ins Restaurant?.

Am Nachmittag habe ich meine Oma besucht. Sie wohnt nicht weit von uns. Am Abend bin ich auf die Party bei Peter gegangen. Ich habe stundenlang getanzt.

Und Du? Was hast Du letzten Samstag gemacht? Gehst Du gern ins Kino? Welchen Film hast Du neulich gesehen? Ich habe den neuen Film mit Michael Douglas gesehen. Toll!

Bald fahre ich wieder auf Urlaub. Ich mache eine Klassenfahrt nach Österreich, um Ski zu laufen. Wir werden am 19. Februar abfahren. Wann fährst Du zum nächsten Mal in Ferien?

Schreib bald wieder und vergiß nicht, die Fragen zu beantworten.

Alles Gute.

Deine Freundin

Liesel

Focus on the questions asked (shown here in red).

[20]

Sample GCSE questions

Sample answer

Liebe Liesel,

Vielen Dank für Deinen netten Brief. Es geht mir auch gut. Im Moment *muß ich viel für die Schule machen.*

Letzten Samstag bin ich mit meiner Mutter nach York gefahren. Wir wollten einkaufen. Wir sind früh mit dem Zug von Newcastle abgefahren. Die Fahrt war nicht zu lang - etwa anderthalb Stunden. In York sind wir in viele Geschäfte gegangen, und schließlich habe ich eine Jeans und ein schönes T-Shirt gekauft. Meine Mutter hat einen neuen Badeanzug gekauft. Zu Mittag haben wir in einem Pizzarestaurant gegessen. Ißt du gern Pizzas?

Später sind wir ins Kino gegangen. Im Moment läuft der neue Film mit Brad Pitt. Er ist so schön. Kennst du ihn?

Wir sind um 10 Uhr abends wieder in Newcastle angekommen. Mein Vater hat uns abgeholt.

Ende Mai fahren wir nach Spanien. Wir werden zwei Wochen in unserer *Villa am Strand verbringen. Ich freue mich schon auf die Ferien.*
Deine Freundin Lisa

> Question answered and extension offered.

> Extended description and use of perfect tense.

> Useful to include a question.

> Use of future tense: a must for scoring higher marks.

Exam practice questions

Listening

1 TRACK **22**

Wer sagt was? Kreuzen Sie das richtige Kästchen an!

	Karina	Oliver
Es ist nicht so gesund, vegetarisch zu essen		
Die Mutter macht die Einkäufe		
isst meistens Hühnchen		
isst Fleisch vom Bio-Bauern		
findet die Veganer komisch		
hat viele Freunde, die vegetarisch essen		

[6]

© Aktuell 2000

2 TRACK **23**

In der Konditorei, wer bestellt was? Kreuzen Sie das richtige Kästchen an:

	Eis	Kaffee	Tee	Torte	Strudel
Karl					
Jürgen					
Uschi					
Lotte					

[4]

3 TRACK **24** TRACK **25**

Monika and her friend Brigitte are talking on the phone about Monika's trip to the sales with Helga. The conversation is in two parts. For each question tick the correct box or boxes.

Part 1

a) What time did Monika and Helga leave home?
   (i) 8.30 am ☐
   (ii) 7.30 am ☐
   (iii) 8.00 am ☐

[1]

b) How did they arrive in the town centre?
   (i) on foot ☐
   (ii) by train ☐
   (iii) by tram ☐

[1]

Exam practice questions

c) Why did they go to town?

(i) to ride in the train ☐

(ii) to look at the fashions ☐

(iii) to buy things at reduced prices ☐ **[1]**

Part 2

d) Who bought what?

	black dress	green dress	long dress
Monika	☐	☐	☐
Helga	☐	☐	☐

[3]

e) Where did Helga buy her bathing costume?

(i) in the sports department

(ii) from France

(iii) on the North Sea coast **[1]**

f) What did Monika buy for her husband?

(i) a suit

(ii) shoes

(iii) socks **[1]**

Exam practice questions

Reading

1

FASTENMONAT

Ein Interview aus einer Jugendzeitschrift
Güney sieht im Moment blass und müde
aus. Schon seit Tagen hat der 19-jährige
tagsüber nichts gegessen und nichts
getrunken. Aber er ist weder krank noch
macht er Diät: der junge Türke, der in
München wohnt, macht das gern wegen
seiner Religion.

Frage: Was bedeutet der Fastenmonat für
Sie und die über hunderttausend
Muslime in Deutschland so ganz
praktisch?

Güney: Während dieser Zeit darf die
ganze Familie zwischen
Sonnenaufgang und
Sonnenuntergang nichts zu sich
nehmen. Ausgenommen sind aber
Schwangere wie meine Schwester
Gülsen und Alte wie mein
siebzigjähriger Großvater.

Frage: Ist es nicht eine große
Herausforderung?

Güney: In den Wintermonaten geht es
schon: es wird spät hell und früh
wieder dunkel, aber wenn die
Fastenzeit im Sommer fällt, ist es
doch schwieriger. Fastenbrechen
beginnt erst nach
Sonnenuntergang und es heißt
dann bis 22.00 warten! Man darf
zwischendurch keinen winzigen
Schluck Wasser trinken.

Frage: Was passiert am Ende der
Fastenzeit?

Güney: Wir haben „Zuckerfest": die ganze
Familie feiert zusammen zu
Hause und wir essen dann immer,
soviel wir können. Wir
beschenken uns und letztes Jahr
haben wir alle etwas Neues zum
Anziehen bekommen. Die
Wohlhabenden geben Geld an die
Armen. Das finde ich richtig so.

Sind die folgenden Sätze richtig oder falsch? Kreuze an **X**.

		richtig	falsch
Beispiel: Güney wohnt in Deutschland		**X**	
a)	Die Fastenzeit verändert Güneys Aussehen nicht.		
b)	Güney findet das Fasten akzeptabel.		
c)	Während des Monats hat er gar nichts gegessen.		
d)	Gülsen fastet auch mit.		
e)	Es stört Güney nicht, im August zu fasten.		
f)	Am Ende des Monats geht man auswärts essen.		
g)	Beim letzten „Zuckerfest" bekam Güney als Geschenk ein Kleidungsstück.		
h)	Güney ist der Meinung, dass man spenden sollte, wenn man kann.		

[8]

Edexcel 2000

Exam practice questions

2

> ### Ulrike, 18, ist überzeugte Vegetarierin:
>
> Frage: Ist dir das Gemüseschnippeln nicht zu langweilig?
>
> Ulrike: Nein! Kochen macht Spaß. Vegetarier sein bedeutet, die Eßgewohnheiten ein
>   bißchen umstellen.
>
> Frage: Warum ißt du also kein Fleisch?
>
> Ulrike: Also, erstens finde ich Fleisch eklig, zweitens wollte ich auf Fett verzichten und
>   drittens denke ich auch, daß der Fleischkonsum zu Umweltproblemen beiträgt. Das
>   Angebot an Gemüsesorten ist so riesig, daß ich mich gar nicht nach einer Wurst
>   sehne! Vegetarisch kochen, heißt schon lange nicht, daß alles öde schmecken muß.
>   Ich nehme oft Knoblauch und frische Kräuter für meine Gerichte. Nüsse und Soja
>   schmecken mir aber gar nicht.
>
> Frage: Ißt du auch , „Fast Food"?
>
> Ulrike: Aber nur das, was ich selber mache. Mittags, wenn ich wenig Zeit habe, dünste ich
>   mir schnell frisches Gemüse. Es ist schließlich sehr einfach, sich gesund und
>   natürlich zu ernähren.
>
> Frage: Wie stehst du eigentlich zu Nichtvegetariern?
>
> Ulrike: Sie stören mich kaum. Wenn Leute am selben Tisch Fleischspeisen verzehren, ist das
>   ihre eigene Sache.

Answer the following questions in English

a)   What does being a vegetarian mean to Ulrike?

.... **[1]**

b)   Give two of Ulrike's reasons for not eating meat.

   i)   ....

   ii)   .... **[2]**

c)   Why does she no longer miss eating sausage?

.... **[1]**

d)   What does she do to ensure that her diet tastes interesting?

   i)   ....

   ii)   .... **[2]**

e)   How does she prepare lunch?

.... **[1]**

f)   What is her attitude to non-vegetarians?

.... **[1]**

Edexcel 1999

5 Arbeitswelt

(World of work)

The following topics are covered in this chapter:

- Work expectations
- Acquiring skills
- Part-time jobs
- Job applications
- Grammar

5.1 Work expectations

LEARNING SUMMARY

After studying this section you should be able to:

- talk about your future plans in terms of work

Berufe (Professions)

AQA A | AQA B
EDEXCEL
OCR
WJEC
NICCEA

The topic of the world of work allows you to think about your plans for the future in terms of work and study, **as well as offering you the chance to reflect on your work experience.** The topic also deals with part-time jobs **and the availability of this type of work for teenagers. As well as looking at your hopes and dreams for the future,** you can think about what you would like to be able to do if you were to win the National Lottery or if you were very successful at school.

Professions

der Architekt (-en) – architect
der Arzt (Ärzte) – doctor
der Beamte (-n) – civil servant
der Chirurg (-en) – surgeon
der Designer (-) – designer
der Dolmetscher (-) – interpreter
der Florist (-en) – florist
der Frisör (-e) – hairdresser (male)
die Friseuse (-n) – hairdresser (female)
der Informatiker (-) – computer scientist
der Ingenieur (-e) – engineer

der Journalist (-en) – journalist
der Kassierer (-) – cashier
der Maler (-) – artist, painter
der Mechaniker (-) – mechanic
der Moderator (-en) – TV presenter
der Musiker (-) – musician
der Physiotherapeut – physiotherapist
der Politiker (-) – politician
der Programmierer (-) – programmer
der Rechtsanwalt (-anwälte) – lawyer

der Schulleiter (-) – headteacher
die Sekretärin (-nen) – secretary
der Sozialarbeiter (-) – social worker
der Steuerberater (-) – accountant
der Tierarzt (-ärzte) – vet
der Verkäufer (-) – shop assistant
der Zahnarzt (-ärzte) – dentist

KEY POINT

To explain what someone's job is you do not need the word for 'a',

e.g.   **Mein Vater ist Klempner.**
         Meine Muter ist Köchin.
         Ich möchte Tierarzt werden.

der Zahnarzt   der Informatiker   die Ärztin

Other occupations

der Bauer (-) – farmer

der Briefträger (-) – postman

der Chef (-s) – boss

der Elektriker (-) – electrician

der Fahrer (-) – driver

die Geschäftsfrau (-en) – businesswoman

der Geschäftsmann (-männer) – businessman

die Hausfrau (-en) – housewife

der Hausmann (-männer) – househusband

der Hausmeister (-) – caretaker

der Kellner (-) – waiter

der Klempner (-) – plumber

der Koch (Köche) – cook

die Köchin (-nen) – cook

der Matrose (-n) – sailor

der Maurer (-) – builder

der Pilot (-en) – pilot

der Polizist (-en) – policeman

die Rettungsschwimmer (-) – lifeguard

der Sänger (-) – singer

der Soldat (-en) – soldier

die Stewardess (-en) – stewardess

der Tischler (-) – carpenter

5.2 Gaining skills

 LEARNING SUMMARY

After studying this section you should be able to:

● *talk and write about the availablity of training schemes for young people*

● *talk and write about your own plans for pursuing training*

Ausbildung (Training schemes)

 AQA A   **AQA B**
EDEXCEL
OCR
WJEC
NICCEA

Training schemes

sich ausbilden lassen – to go an a training scheme

die Ausbildung (-en) – training scheme

ausgebildet werden – to receive training

die Berufsausbildung (-en) – vocational training

das Berufsvorbereitungsjahr (-e) – youth training scheme

durchfallen – to fail

die Lehre (-n) – apprenticeship

der Lehrling (-e) – apprentice

eine Prüfung bestehen – to pass an examination

eine Prüfung machen – to take an examination

vorbereiten – to prepare

PROGRESS CHECK

Übersetze diese Sätze ins Englische:

1. Er wird als Klempner ausgebildet.
2. Er macht eine Ausbildung als Maurer.
3. Er macht eine Lehre bei der großen Firma in der nächsten Stadt.
4. Nach der Schule werde ich eine Berufsausbildung anfangen.

4. After school I will go on a vocational training scheme.
3. He is doing an apprenticeship with the big company in the next town.
2. He is training as a builder.
1. He is being trained as a plumber.

Conversation: Grades G–D

AQA A   AQA B
EDEXCEL
OCR
WJEC
NICCEA

Was für Pläne hast du für nächstes Jahr?

Ich gehe in die Oberstufe.

Wozu?

Ich werde mein Abitur in Mathe vorbereiten.

Und danach?

Ich weiß nicht. Vielleicht werde ich mir eine Lehre bei einer Firma suchen. Ich interessiere mich für Autos.

Hast du dein Praktikum in einem Büro gemacht?

Nein, ich habe in einem Kindergarten gearbeitet.

Was hast du gemacht?

Ich habe dem Lehrer geholfen und ich habe beim Lesen geholfen.

Wie hat es dir gefallen?

Es war interessant und anstrengend, aber die Kinder waren süß.

Möchtest du später heiraten?

Ja, mit dreißig Jahren, wenn ich genug Geld habe. Erst muss ich sparen.

Conversation: Grades C–A*

AQA A   AQA B
EDEXCEL
OCR
WJEC
NICCEA

Hast du schon Pläne für nächstes Jahr?

Das hängt von meinen Ergebnissen ab. Wenn ich gute Noten habe, mache ich noch die Oberstufe.

Welche Fächer wirst du da belegen?

Ich werde Englisch, Geschichte, Kunst und Deutsch wählen. Ich würde gern auf die Uni gehen, und dazu braucht man einen guten Abschluss.

Auf welche Uni?

Das weiß ich noch nicht, aber ich möchte in eine Großstadt umziehen. Da ist immer viel los, und man lernt neue Leute kennen.

Was hast du für dein Praktikum gemacht?	Ich habe in einem Laden gearbeitet. Ich habe die Kunden bedient und auch an der Kasse gearbeitet.
Wie war es?	Es hat mir nicht so gut gefallen, weil die Arbeit anstrengend war. Ich musste den ganzen Tag stehen, und das fand ich schwierig.
Hast du viel dabei gelernt?	Natürlich, ja. Ich brauchte viel Geduld. Man musste immer freundlich und hilfsbereit sein.
Würdest du später gern heiraten?	Wenn ich eine Stelle hätte und auch genug Geld, würde ich später gern heiraten. Eine Hochzeit kostet viel Geld – und auch ein Haus kaufen ist teuer. Wir werden sehen!

5.3 *Part-time jobs*

LEARNING SUMMARY

After studying this section you should be able to:

- *talk and write about the availability of part-time jobs in your area*
- *talk and write about your own part-time job*

Extra Geld Kriegen (Increasing your pocket money)

AQA A **AQA B**
EDEXCEL
OCR
WJEC
NICCEA

Many teenagers in Germany face the same living expenses as you do and so are keen to find part-time work. Many students in the Upper School offer their services as private tutors, because of the need to achieve the correct standard at the end of each school year.

Part-time jobs

beim Abwaschen helfen – to help with washing up

das Auto waschen – to wash the car

babysitten – to babysit

im Garten arbeiten – to work in the garden

in einem Geschäft arbeiten – to work in a shop

im Haushalt helfen – to help at home

Nachhilfestunden geben – to give tuition

in einem Restaurant arbeiten – to work in a restaurant

Zeitungen austragen – to deliver newspapers

5.4 Job applications

After completing this section, you should be able to:

● **write a letter to apply for a summer job in Germany**

Bewerbungsbriefe (Application letters)

AQA A AQA B
EDEXCEL
OCR
WJEC
NICCEA

In the examination you could be asked to write a letter to apply for a job.
You may also decide to work in a German-speaking country during the holidays and it is useful to be able to explain what you want to do clearly and concisely.

Job applications

anfangen – to begin
die Anzeige (-n) – advert
das Arbeitspraktikum – work experience
die Arbeitszeiten – hours of work
beginnen – to begin
sich bewerben – to apply
ehrlich – honest

enden – to end
fleißig – hard-working
die Frage (-n) – question
im Freien – outside
freundlich – friendly
geduldig – patient
höflich – polite
Könnten Sie mir mitteilen ...? – Could you tell me?

nett – nice
die Stunde (-n) – hour
wieviel – how much
wie viele – how many
wann – when
wo – where
die Zeitung (-en) – newspaper

Writing frame for job application letter

Introduce yourself and say why you are writing	Ich heiße ... Ich möchte mich um die Stelle als ... bewerben.
Reasons for wanting job	Diese Stelle interessiert mich, weil ...
Previous experience	Ich habe ... gearbeitet In meinem Praktikum habe ich ...
Language skills and study plans	Ich lerne Deutsch seit ... , und nächstes Jahr werde ich .... Später möchte ich einmal ...
Qualities and details about yourself	Ich bin ... Ich interessiere mich für ...
Questions	Wie sind die Arbeitszeiten? Wie wird diese Stelle bezahlt?
Conclusion	Könnten Sie mir auch mitteilen, wo ich wohnen könnte?
Ending	Ich freue mich auf Ihre baldige Antwort. Hochachtungsvoll (Sign your name)

Now you should be able to write a letter to apply for a job:

Bath,
den 11. Juli

Sehr geehrte/r Herr/Frau ......,

Ich heiße Philippa Brown und ich möchte mich für die Stelle als Küchenhilfe bewerben. Diese Stelle interessiert mich, weil ich Geld für die Sommerferien brauche und außerdem meine Deutschkenntnisse verbessern möchte.

Ich habe schon einmal in einem Café gearbeitet, dort habe ich die Tische gewischt und beim Abwaschen geholfen. In meinem Praktikum habe ich in einem Laden gearbeitet, und zwar habe ich die Kunden bedient und auch an der Kasse gearbeitet.

Ich lerne seit fünf Jahren Deutsch, und nächstes Jahr werde ich in die Oberstufe gehen. Später möchte ich einmal Dolmetscherin werden.

Ich bin freundlich und immer hilfsbereit. Ich interessiere mich für Sport und Sprachen. Ich kann auch gut kochen, und ich helfe meiner Mutter zu Hause beim Essen kochen.

Wie sind die Arbeitszeiten?

Wie wird diese Stelle bezahlt?

Könnten Sie mir auch mitteilen, wo ich wohnen könnte?

Ich freue mich auf Ihre baldige Antwort.

Hochachtungsvoll

Philippa Brown

PROGRESS CHECK

1. I have read your advert.
2. I would like to apply for the job in the information office.
3. I like to work outside.
4. I am patient and hard-working.

1. Ich habe Ihre Anzeige gelesen. 2. Ich möchte mich um die Stelle im Informationsbüro bewerben. 3. Ich arbeite gern im Freien. 4. Ich bin geduldig und fleißig.

5.5 **Grammar**

LEARNING SUMMARY

After completing this section, you should be able to:

● *use the conditional tense*

Conditional tense

AQA A   AQA B
EDEXCEL
OCR
WJEC
NICCEA

The conditional tense in German is translated with 'would'. If you are suggesting that if something were true, then something else would happen, then in German you need the conditional tense.

e.g. *Wenn ich viel Geld hätte, würde ich nicht arbeiten.*

If I had lots of money I would not work.

How is it formed?

Most verbs follow this pattern:

Imperfect subjunctive of *werden* + infinitive (at end of sentence):

ich würde – I would

du würdest – you would

er/sie/es würde – he/she/it would

man würde – one would

wir würden – we would

ihr würdet – you would

sie würden – they would

Sie würden – you would

However, there are some irregular forms which must be memorised:

haben – ich hätte – I would have, I had

fahren – ich führe – I would go, I went

geben – ich gäbe – I would give, I gave

kommen – ich käme – I would come, I came

können – ich könnte – I would be able, I could

mögen – ich möchte – I would like, I liked

sein – ich wäre – I would be, I were

Wenn clauses

As illustrated in the example on page 107, *wenn* plus a conditional translates with 'if':

e.g. *wenn ich ein Filmstar wäre* = if I were a film star

KEY POINT

These sentences are very important in the writing and speaking examination. Towards the end of a presentation on your future plans, it is worth adding a wenn clause. This will show the examiner that you have sound knowledge of the grammatical structures needed for the GCSE.

e.g. Wenn ich meine Prüfungen bestände, würde ich …
Wenn ich gute Prüfungsergebnisse hätte, würde ich …
Wenn ich durch die Prüfungen durchfiele, würde ich …

Write endings to each of these sentences.

PROGRESS CHECK

Complete the following sentences with the correct form of the verbs listed:

1 Wenn ich einen Job … , könnte ich Geld verdienen.
2 Wenn ich mehr Zeit hätte, … ich mich ausruhen.
3 Wenn ich gute Ergebnisse hätte, … ich mir eine Stelle als Techniker suchen.
4 Wenn ich nicht hier wohnen … , würde ich lieber in Spanien wohnen.
5 Wenn es keine Stellen in der Nähe … , würde ich nach London umziehen.

hätte   könnte   würde   könnte   gäbe

1. hätte 2. könnte 3. würde 4. könnte 5. gäbe

Sample GCSE questions

Speaking

Role-play 1

You are talking to your German penpal about last year's work experience. Your penpal starts:

1. Say that you did your work experience last year.

2. Explain that you worked in a shoe shop.

3. Answer the question.

4. Describe your working hours.

5. Ask if s/he has to do work experience.

Examiner's role and suggested answers

Examiner	Wann hast du dein Berufspraktikum gemacht?
Candidate	Letztes Jahr.
Examiner	Was hast du gemacht?
Candidate	Ich habe in einem Schuhgeschäft gearbeitet.
Examiner	Wie war die Arbeit?
Candidate	Sie war ganz interessant. ←
Examiner	Wie war der Arbeitstag?
Candidate	Ich musste von 9 Uhr bis 5 Uhr arbeiten.
Examiner	Das war aber lange.
Candidate	Musst du auch ein Berufspraktikum machen?

> *Remember to use the correct pronoun.*

Role-play 2

Your school has organised two weeks' work experience in Hamburg. You have to contact Frau Schering by telephone. You begin.

1. Explain that you need to talk to Frau Schering.

2. Give your name and say where you are from.

3. Ask what you have to wear to work.

4. Ask about the working hours.

5. Answer the question and finish the conversation.

Examiner's role and suggested answers

Candidate	Ich möchte mit Frau Schering sprechen.
Examiner	Frau Schering am Apparat. Wie kann ich helfen?
Candidate	Ich heiße Steve Jones und rufe aus England an.
Examiner	Ach ja, Steve - du machst bei uns ein Praktikum, oder?
Candidate	Ja. Was für Kleidung sollte ich bei der Arbeit tragen?
Examiner	Was du möchtest - Jeans zum Beispiel.
Candidate	Wie sind die Arbeitszeiten?
Examiner	Von 8 bis 2 Uhr nachmittags. Wann kommst du in Hamburg an?
Candidate	In zwei Tagen. Vielen Dank - auf Wiederhören.

Exam practice questions

Listening

1 TRACK 28

Answer the following question in English.

JOBNET

You hear the following radio report about the use of the Internet to find jobs for young people in Freiburg.

a) What did the young people discover when they searched for jobs on the web?

.... **[1]**

b) What did the young people include in their own home page? Give 1 detail.

.... **[1]**

c) What did the project leader consider to be the main aim of the project?

.... **[1]**

d) What has happened as a result of their project?

.... **[1]**

Edexcel 1999

2 TRACK 29

Whilst on work experience you take a telephone call about your boss's visit to Germany next week.

Fill in the blanks below **in English**.

a) Mrs Davies should go from .... to .... **[2]**

b) The meeting will begin at .... **[1]**

c) The following morning Mrs Davies will visit the .... **[1]**

WJEC 2000

Exam practice questions

Reading

1 Was machen diese Frauen? Trage den richtigen Buchstaben in das Kästchen ein!

Beispiel:

B   *Anja:* Ich arbeite in der Stadtmitte. Ich verkaufe hauptsächlich Wurst und Schweinekoteletten.

i)   ☐   *Jennifer:* Ich finde meinen Job sehr interessant und kreativ. Ich schneide gern Haare. Ich lerne auch viele nette Leute kennen.

ii)   ☐   *Sonja:* Ich arbeite vor allem mit Katzen und Hunden, aber neulich habe ich eine Schlange behandelt.

iii)   ☐   *Susanna*: Ich unterrichte Erdkunde in einer kleinen Schule am Stadtrand. Die Arbeit finde ich sehr stressig.

iv)   ☐   *Veronika*: Ich muß lange Stunden in der Autowerkstatt arbeiten. Ich repariere meistens Luxusautos.

A Bäckerin	B Metzgerin	C Friseuse
D Tierärztin	E Mechanikerin	F Lehrerin
G Krankenschwester		

[4]

Edexcel 1999

2 Lies den Artikel!

Workcamp Wales 2000

Seit mehreren Jahren arbeiten Schüler aus Baden-Württemberg in Workcamps in walisischen Nationalparks. Das Ziel des Projekts ist, daß Schüler andere Landschaften kennenlernen, und dabei aktiv an Naturschutz teilnehmen. Das Projekt betrifft viele Fächer, einschließlich Erdkunde, Biologie, Gemeinschaftskunde und Englisch.

Letztes Jahr arbeiteten die Schüler zusammen mit den Chefs der Nationalparks. In Mittelwales halfen sie, Gras und Nesseln zu entfernen. In Westwales war der Höhepukt sicherlich der Bau eines Vogelhäuschens an einem Flußufer. Während der Wanderung den Küstenweg entlang haben sie Müll gesammelt.

Das Workcampprojekt soll auch Partnerschaften zwischen Schülern beider Länder fördern. Eine deutsche Gruppe wurde zur Feier einer Schule in Brecon eingeladen. Vier Tage lang wurde die Gruppe von einer walisischen Schülerin begleitet, die zusammen mit ihrem „Duke of Edinburgh Award" Gruppenerfahrung sammeln mußte.

Für das Jahr des Milleniums wird viel geplant: unter anderem Exkursionen, um die keltische Kultur und die industrielle Geschichte von Wales mitzuerleben. Vor allem wollten Schüler das volkskundliche Museum in St. Fagans und das Nationalmuseum in Cardiff besuchen.

Exam practice questions

Beantworte die Fragen! Gib kurze Antworten auf Deutsch!

a) Seit wie langem kommen die deutschen Schüler nach Wales?

Sie kommen .... **[1]**

b) In was für Gebieten arbeiten die Schüler in Wales?

Sie arbeiten in .... **[1]**

c) Wie ist das Projekt für die Schüler wichtig? Nenne 1 Sache.?

Die Schüler können .... **[1]**

d) Mit wem artbeiteten die Schüler zusammen, um die Natur zu schützen?

Sie arbeiten mit .... **[1]**

e) Wie haben die Schüler mit Naturschutz geholfen?

Gib zwei Beispiele ....

(i) ....

(ii) .... **[2]**

f) Wo haben die Schüler mit walisischen Schülern gefeiert?

Sie haben .... gefeiert. **[1]**

g) Wann werden Schüler mehr über Kultur und Industrie in Wales erfahren können? **[1]**

h) Was für ein Museum gibt es in St. Fagans?

Es gibt .... **[1]**

WJEC 2000

Writing

1 Create an advice sheet about what people should/should not do at an interview.

1. Du sollst stets pünktlich sein.
2. Du sollst eine Jacke tragen.
3. Du sollst kein Make-up tragen.
4. Du sollst höflich sein.
5. Du sollst nicht lachen. **[5]**

Exam practice questions

2 Make use of this blank CV to create your own for your coursework file. Ensure all questions are answered – you are judged on your ability to write German!

Nachname:

Vorname:

Adresse:

Postleitzahl:

Staatsangehörigkeit:

Geburtsdatum:

männlich ☐   *weiblich* ☐

Interessen und Hobbys:

Schulabschluss/Prüfungsergebnisse:

Sprachkenntnisse:

Arbeitspraktikum: *wann:*

                              wo:

                              was:

Freizeitjobs:

[10]

3 Du hast vierzehn Tage Berufspraktikum in einem Büro gemacht. Schreib einen Artikel darüber. Erkläre, was du gemacht hast, wie du diese Arbeit gefunden hast, warum du diese Arbeit gewählt hast, was du davon gelernt hast, wie deine Kollegen waren. Schließlich: Wirst du so eine Stelle suchen, wenn du die Schule verläßt, und warum? (Schreib ungefähr 150 Wörter.)

[20]

4 Sie haben einen Ferienjob gehabt. Schreiben Sie einen Bericht darüber für die Schülerzeitung Ihrer Brieffreundin/Ihres Brieffreundes! Sie sollen erklären, warum Sie diesen Job gewählt haben und was Sie davon halten.

(Schreiben Sie ungefähr 150 Wörter.)

[30]

....

....

....

Gesundheit

(Health)

The following topics are covered in this chapter:

- **Healthy living**
- **Teenage problems and issues**
- **Doctors and dentists**
- **Grammar**

6.1 Healthy living

LEARNING SUMMARY

After studying this section you should be able to:

- **talk about your lifestyle and say whether it is or is not healthy**
- **say how you plan to keep fit in the future**

Fit bleiben (Staying fit)

AQA A AQA B
EDEXCEL
OCR
WJEC
NICCEA

There is as much emphasis on keeping fit and healthy in Germany as in any other European country. Advertisements promote healthy food and there are of course the *Bioläden* where you can stock up on foods for a healthy lifestyle. Germans also enjoy the occasional cup of herbal tea to detoxify their system and promote a sense of wellbeing.

Staying fit

abnehmen – to lose weight
die Aerobik – aerobic
der Alkohol – alcohol
aufhören – to stop
die Biokost – organic foods
eine Diät machen – to go on a diet
die Droge (-n) – drug
(sich) entspannen – to relax

das Essen – food, meal
das Fett – fat
der Fettgehalt – fat content
das Fitnessprogramm – workout programme
gesund – healthy
das Obst – fruit
rauchen – to smoke

der Raucher – smoker
der Stress – stress
trainieren – to train
ungesund – unhealthy
vermeiden – to avoid
die Vitamine *pl* – vitamins
werden – to become
zunehmen – to put on weight

Conversation: Grades G–D

AQA A   AQA B
EDEXCEL
OCR
WJEC
NICCEA

Make sure you can answer these questions without thinking. Practise your answers without the book.

1 Was machst du, um dich fit zu halten?	Ich treibe gern Sport. Ich gehe einmal pro Woche schwimmen.
2 Gibt es ein Schwimmbad in der Nähe?	Nein, ich muss mit dem Bus zur nächsten Großstadt fahren.
3 Was kostet der Eintritt?	Um die zwei Pfund.
4 Was tust du sonst noch?	Ich esse viel Obst und Gemüse und versuche, fettreiches Essen zu vermeiden.
5 Was hast du heute Morgen gegessen?	Ich habe Cornflakes mit Milch gegessen und dazu Saft getrunken.
6 Lebst du gesund?	Ja, aber ich glaube, ich sollte mehr Wasser trinken und nicht so viel fernsehen.

Conversation: Grades C–A*

AQA A   AQA B
EDEXCEL
OCR
WJEC
NICCEA

Ensure that you are able to give more extended answers to questions at this level. Your teacher will be expecting longer answers and you must ensure that you cover a range of tenses as well as offering extended opinions.

1 Lebst du gesund?	Meiner Meinung nach bin ich relativ fit. Ich esse drei Mahlzeiten am Tag und versuche, zwischendurch nicht zu naschen. Ab und zu esse ich Schokolade, aber nicht viel.
2 Wie hältest du dich fit?	Leider habe ich im Moment nicht viel Zeit, aber ab und zu gehe ich zum Fitnesstraining. Hier in der Nähe gibt es ein neues Sportzentrum, wo viele Sportarten angeboten werden.
3 Was sollte man tun, um gesünder zu leben?	Man sollte nicht zu viel Fett essen. Man sollte auch nicht zu viel Alkohol trinken.
4 Was für Probleme gibt es hier in der Gegend für Jugendliche?	Ich habe schon viel über Drogen und Techno-Partys gelesen, aber daran habe ich kein Interesse. Man kann leicht Zigaretten kaufen, und viele Jugendliche wollen das Rauchen probieren. Mir hat es nicht geschmeckt.
5 Was wirst du in Zukunft machen, um noch gesünder zu leben?	Ich werde öfter zum Fitnesstraining gehen. Ich werde Vitamine einnehmen und früher ins Bett gehen.

6.2 Teenage issues

 LEARNING SUMMARY

After studying this section you should be able to:

● talk and write about a number of teenage issues: drugs, Aids, etc
● understand a variety of articles about issues

Teenager sein (Teenage life)

AQA A **AQA B**
EDEXCEL
OCR
WJEC
NICCEA

Teenagers in Germany have the same difficulties as you do. There has been a considerable amount of work done by the Health Education Council to highlight the dangers of drug-taking. Many towns also run special night-time transport (*Discobusse*) so that young people can travel home safely.

Seeking help

das Aids – AIDS
die Amphetamine – amphetamines
die Bulimie – bulimia
Drogen nehmen – to take drugs
Drogen probieren – to try drugs
der Drogensüchtige (-n) – drug addict

das Ecstacy – ecstacy
das Heroin – heroin
der Junkie – junkie
die Magersucht – anorexia
der Pickel (-) – spots
der Schnüffler – glue sniffer

schwitzen – to sweat
die Trunkenheit – drunkenness
die Techno-Party – rave
veganisch – vegan
vegetarisch – vegetarian
die Zigaretten – cigarettes

6.3 Doctors and dentists

 LEARNING SUMMARY

After studying this section you should be able to:

● make an appointment at the doctor's/dentist's
● explain what your symptoms are and how long you have been unwell
● understand advice given to you by the doctor/dentist/chemist

Ein Besuch beim Arzt oder Zahnarzt (A visit to the doctor or dentist)

 AQA A **AQA B**
EDEXCEL
OCR
WJEC
NICCEA

The topic of health is usually examined in three of the skill areas – listening, reading and speaking. If you are on holiday in a German-speaking country it is important to be able to describe your symptoms to the doctor. You can buy a variety of medicines in the chemist and it is equally important that you are able to understand the dosage.

In Germany you buy medication at the *Apotheke* and you can usually get good advice about your illness from the pharmacist.

If you travel to any EU country, you need an E111 form and you also need to go to the local *Krankenkasse* to get a receipt for any medical treatment.

Visit to the doctor

allergisch gegen – allergic to
der Arzt (Ärzte) – doctor
asthmatisch – asthmatic
sich ausruhen – to rest
betrunken – drunk
besuchen – to visit
sich das Bein brechen – to break a leg
im Bett bleiben – to stay in bed
bezahlen – to pay
der Biss (-e) – bite
die Creme (-s) – cream
das Dragée (-s) – capsule
dringend – urgent
der Durchfall (-fälle) – diarrhoea
der E111-Schein (-e) – E111 form
sich erbrechen – to vomit
erkältet sein – to have a cold
die Erkältung (-en) – cold
eine Erkältung haben – to have a cold
erschöpft – exhausted
das Fieber – temperature
Fieber haben – to have a temperature
Fieber messen – to take temperature

sich in den Finger schneiden – to cut a finger
die Grippe *no pl* – flu
Halsschmerzen haben – to have a sore throat
heiß – hot
der Heuschnupfen *no pl* – hay fever
hinfallen – to fall over
husten – to cough
der Husten *no pl* – cough
der Hustenbonbon (-s) – throat sweet
der Hustensaft (-säfte) – cough mixture
der Insektenstich (-e) – insect bite
kalt – cold
die Kopfschmerzen *pl* – headache
die Kosten *pl* – costs
krank – sick
sich krank fühlen – to feel sick
der Löffel (-) – spoon
die Magenschmerzen *pl* – stomachache
die Magenverstimmung (-en) – indigestion
das Medikament (-e) – medicine
das Mittel (-) – remedy
müde – tired

niesen – to sneeze
das Pflaster (-e) – plaster
das Rezept (-e) – receipt
die Salbe (-n) – cream
der Schnupfen *no pl* – cold
schwach – weak
die Schwellung (-en) – swelling
die Seekrankheit (-en) – seasickness
der Sonnenbrand (-brände) – sunburn
der Sonnenstich (-e) – sunstroke
stechen – to sting
die Tablette (-n) – tablet
die Tage *pl* – period
das Taschentuch (-tücher) – paper hanky
der Termin (-e) – appointment
einen Termin ausmachen – to make an appointment
die Tube (-n) – tube
der Verband (Verbände) – dressing
sich verletzen – to injure oneself
die Verstauchung (-en) – sprain
das Zäpfchen (-) – suppository
zittern – to shiver
zuckerkrank – diabetic

Visit to the dentist

einspritzen – to inject
geschwollen – swollen
die Plombe (-n) – filling

das Röntgenbild (-er) – X-ray
die Spritze (-n) – injection
die Watte *no pl* – cotton wool

der Zahnarzt (-ärzte) – dentist
die Zahnschmerzen *no pl* – toothache

Ein Besuch im Krankenhaus (A visit to the hospital)

German hospitals are very modern and you will receive excellent care. Hopefully this will not be necessary!

das Krankenhaus

Visit to a hospital

der Gips *no pl* – plaster cast

der Knochen (-) – bone

der Krankenpfleger (-) – male nurse

die Krankenschwester (-n) – female nurse

der Krankenwagen (-) – ambulance

die Leber (-n) – liver

die Lunge (-n) – lung

der Magen (Mägen) – tummy

der Muskel (-n) – muscle

die Niere (-n) – kidney

die Operation (-en) – operation

die Rippe (-n) – rib

unter Schock stehen – to be in shock

unbewusst – unconscious

untersuchen – to examine

vergiftet – poisoned

die Zunge (-n) – tongue

PROGRESS CHECK

What do the following words mean?

zuckerkrank, zittern, schwach, das Essen, die Plombe, zunehmen, stechen

What do the following sentences mean?
Ich bin seit gestern krank.
Ich bin hingefallen und ich habe mir das Bein gebrochen.
Ich konnte nichts essen, weil ich mich so unwohl fühlte.

I couldn't eat because I felt so unwell.
I fell and I broke my leg.
I have been ill since yesterday.

diabetic, to shiver, weak, food, injection, to put on weight, to sting

6.4 Grammar

LEARNING SUMMARY

After studying this section you should be able to:

● *understand and use modal verbs in a variety of situations*
● *use and understand instructions in German*

Modal verbs

AQA A   AQA B
EDEXCEL
OCR
WJEC
NICCEA

KEY POINT   **Modal verbs are very useful in the speaking examination.**

The topic of health and fitness is a good topic to practise modal verbs – especially for giving advice and talking about your healthy lifestyle.

There are six modal verbs in German:

dürfen – to be allowed to   *müssen* – to have to
können – to be able to   *sollen* – to be supposed to
mögen – to like to   *wollen* – to want to

The verbs are usually followed by a second verb in the infinitive and this comes at the end of the sentence. (See Chapter 2 page 48 on word order.)

e.g. *Man darf in der Schule nicht* **rauchen**.
Ich muss den Arzt **sprechen**.
Wie oft soll ich die Tabletten **nehmen**?

	dürfen	können	mögen	müssen	sollen	wollen
ich	darf	kann	mag	muss	soll	will
du	darfst	kannst	magst	musst	sollst	willst
er/sie/es	darf	kann	mag	muss	soll	will
man	darf	kann	mag	muss	soll	will
wir	dürfen	können	mögen	müssen	sollen	wollen
ihr	dürft	könnt	mögt	müsst	sollt	wollt
sie	dürfen	können	mögen	müssen	sollen	wollen
Sie	dürfen	können	mögen	müssen	sollen	wollen

PROGRESS CHECK

Put these words into the correct order:

1. jeden Tag, soll, viel, man, trinken, Wasser
2. ich, im, bleiben?, Bett, muss,
3. habe vor, öfter, ich, trainieren, zu
4. Sie, mir, etwas, geben, können, gegen, Halsschmerzen?
5. in der Schule, darf, keine Drogen, mitbringen, man

5. In der Schule darf man keine Drogen mitbringen.
4. Können Sie mir etwas gegen Halsschmerzen geben?
3. Ich habe vor, öfter zu trainieren.
2. Muss ich im Bett bleiben?
1. Man soll jeden Tag viel Wasser trinken.

PROGRESS CHECK

Complete the sentences with a modal verb from the list:

1. Der Arzt ... mich heute nicht sehen.
2. Wie lange ... ich im Bett bleiben?
3. Du ... Vitamine nehmen.
4. Du ... es alleine schaffen.
5. Ich ... keine Süßigkeiten essen, weil ich zuckerkrank bin.

sollst, muss, kannst, kann, darf

5. Ich darf keine Süßigkeiten essen, weil ich zuckerkrank bin.
4. Du kannst es alleine schaffen.
3. Du sollst Vitamine nehmen.
2. Wie lange muss ich im Bett bleiben?
1. Der Arzt kann mich heute nicht sehen.

Write five pieces of advice for a healthy lifestyle.
e.g. Man soll zum Fitnesstraining gehen.
Man soll nicht so viel Fett essen.

Use them to create a poster.

Imperative verb forms

AQA A   AQA B
EDEXCEL
OCR
WJEC
NICCEA

The imperative form of the verb is used to give instructions and make suggestions. They are sometimes known as **bossy** verbs.
You will usually see instructions written on medicine bottle. You may also need to give your penpal advice if s/he is ill.

There are three forms of the imperative in German:

du – is used for speaking to a person you know well.
ihr – is used for speaking to more than one person you know well.
Sie – is used for speaking to people formally.

Formation of imperatives

1 for *du* take the stem of the verb (see Chapter 1 page 26)
   e.g. *spielen* – to play = *spiel!* – play!

However, you need to take care with irregulars, e.g. *essen = iss!*
nehmen = nimm!
lesen = lies!
sein = sei!

2 for *ihr* use the *ihr* form of verb without *ihr*
   e.g. *lesen = ihr lest = lest!*

3 for *Sie* take the *Sie* form of verb and invert
   e.g. *Sie essen = essen Sie!*

PROGRESS CHECK

1. Stay in bed!
2. Drink more water.
3. Take three tablets twice per day.
4. Rest!
5. Take this medicine twice a day before meals.
6. Take three teaspoons of this before breakfast.

1. Bleiben Sie im Bett! 2. Trinken Sie mehr Wasser. 3. Nehmen Sie drei Tabletten zweimal pro Tag. 4. Ruhen Sie sich aus! 5. Nehmen Sie diese Medizin zweimal am Tag vor dem Essen ein. 6. Nehmen Sie hiervon vor dem Frühstück drei Teelöffel ein.

Sample GCSE questions

Speaking

Role-play 1 **TRACK 30**

You are staying in Germany and wake up one morning feeling ill.
You have to discuss the problem with your penfriend's mother.

1. Explain that you do not feel well.
2. Answer the question.
3. Say what you ate.
4. Ask if she has anything you can take.
5. Ask for some tablets.

Examiner's role and suggested answers

Examiner	Guten Morgen. Was ist los mit dir?
Candidate	Ich fühle mich nicht wohl.
Examiner	Was für Symptome hast du?
Candidate	Ich habe Magenschmerzen.
Examiner	Was hast du gestern Abend gegessen?
Candidate	Ich habe Bratwurst mit Ketchup gegessen.
Examiner	Vielleicht hast du eine Magenverstimmung?
Candidate	Haben Sie ein Mittel dagegen?
Examiner	Ja, natürlich. Einen Kräutertee oder Tabletten.
Candidate	Ich würde lieber Tabletten nehmen.
Examiner	Ich komme sofort.

It is important to think carefully about possible symptoms. Remember the simplest answer will receive credit – but it must be accurate and appropriate.

Correct register: chance for practice!

Sample GCSE questions

Role-play 2 TRACK 31

In this role-play you have the chance to show that you can use the correct register, i.e. *du* when speaking to a friend **but** *Sie* when speaking to an adult.

You are in Germany and you have been asked about the problems of young British teenagers. What would you want to be able to tell the German schoolchildren?

Examination boards reward candidates for their ability to use the correct register.

In Großbritanien haben wir dieselben Probleme wie deutsche Jugendliche. Wir haben oft Streit in der Familie. Wir sollen früh nach Hause kommen, und das ärgert uns.

Wir dürfen in der Schule nicht rauchen – aber manche Schüler finden immer eine Ecke, wo sie es doch tun können.

Überall gibt es Probleme mit Drogen, und wir haben Angst vor Aids. Hier ganz in der Nähe finden am Wochenende oft Techno-Partys statt. Unsere Eltern erlauben uns, dahin zu gehen – dort wird Ecstacy verkauft. Wir haben nichts mit harten Drogen zu tun – nur mit weichen. Fast alle meiner Freunde haben schon mal etwas probiert, und ich habe dasselbe von deutschen Jugendlichen gelesen.

It is important to be able to express opinions and views on a range of topics. Extra marks are gained in this way.

Wir haben Selbsthilfegruppen für Jugendliche, aber es gibt auch einen großen Mangel an Jugendzentren und Discos.

Exam practice questions

Listening

1 **TRACK 32** **FIT BLEIBEN**

Diese jungen Freunde reden über Fitness.

Wer sagt was? Trage den richtigen Buchstaben ein.

A   ist Vegetarier

B   mag kein Gemüse

C   findet Rauchen schädlich

D   hat früher geraucht

E   trainiert mindestens einmal pro Woche

F   isst etwas Fleisch

Beispiel:	Max	*E*
i)	Peter	
ii)	Tina	
iii)	Anke	
iv)	Felix	

[4]

Edexcel 2000

2 **TRACK 33**   **TRACK 34**

Karl beantwortet Fragen über Drogen und Rauchen. Markieren Sie die folgenden Sätze richtig (R) oder falsch (F).

Abschnitt 1

a)   Karl hat nie Drogen genommen.   ☐

b)   Karl glaubt, man kann von Drogen abhängig werden.   ☐

c)   Karl hat keine Zigaretten geraucht.   ☐

d)   Karl ist der Meinung, daß das Rauchen gefährlich ist.   ☐

e)   Karl war vierzehn Jahre alt, als er zu rauchen begann.   ☐

Abschnitt 2

f)   Junge Leute nehmen Drogen, weil sie an Streß in der Schule leiden.   ☐

g)   Man fühlt sich erwachsen, wenn man sich langweilt.   ☐

h)   Die Mädchen fühlen sich attraktiv, wenn sie rauchen.   ☐

i)   Karl würde sich viel fitter fühlen, wenn er nicht mehr rauchte.   ☐

j)   Die drogenabhängigen Leute sollten „nein" sagen können.   ☐   **[10]**

Exam practice questions

3   TRACK **35**   TRACK **36**

Abschnitt 1

a)   Warum war der Kunde in der Apotheke?

Er hat .... und ....   **[2]**

b)   Wie viele Tabletten sollte der Kunde einnehmen, und wie oft?

Er sollte .... Tabletten .... am Tag einnehmen.   **[2]**

c)   Wie lange sollte der Kunde im Bett bleiben?

Er sollte .... im Bett bleiben.   **[2]**

d)   Was sollte der Kunde trinken?

Er sollte .... trinken.   **[1]**

Abschnitt 2

e)   Wie viele Tabletten kosten 8 DM?   **[1]**

f)   Warum empfiehlt der Apotheker einen Hustensaft?

Weil der Kunde .... hat.   **[1]**

g)   Was kostet die Flasche Hustensaft?

Sie kostet ....   **[1]**

Exam practice questions

Reading

1 IN DER APOTHEKE

Welche Medizin brauchst du?

A [*Dismohr* Ohrentropfen] … wenn die Ohren weh tun.

B [Pastillen von *Kress*] … sie helfen bei Halsweh.

C [Tabletten von *Lange*] … immer wenn Sie Fieber haben.

D [*Sonni* Salbe] … hilft bei Sonnenbrand.

E [*Simons* Tabletten] … gegen Kopfschmerzen.

F [*Nasifix* Tabletten] … immer bei Erkältungen.

G [*Magengut*] … der Saft gegen starke Bauchschmerzen.

Trage den richtigen Buchstaben ein.

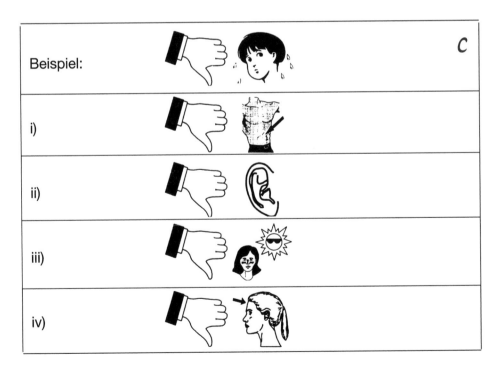

[4]

Edexcel 2000

Exam practice questions

2 Lesen Sie den Text und beantworten Sie die Fragen.

Mythos Schönheit:

Dünn, dünner, am dünnsten?

50 Prozent aller deutschen Mädchen glauben, daß sie zu dick sind. Schon Acht- oder Neunjährige sagen heute: „Ich wiege zuviel!" und versuchen abzunehmen. Wer hat schuld an diesem gefährlichen Trend? „Die dünnen Fotomodelle", sagen viele Leute. „Sie sind die neuen Stars – und die jungen Mädchen denken: es ist normal, so dünn zu sein!"

Models und Fotomodelle sind zu dünn – das stimmt. Kate Moss (19) aus England ist 1 Meter 70 groß und wiegt 43 kg – normal (und gesund!) für diese Größe sind 52kg. Keine Frage: Models sehen nicht aus wie „normale" Frauen und Mädchen – sie sind viel zu mager. Aber trotzdem sind sie neue Idole: „Junge Mädchen sehen jeden Tag diese mageren Models – in Zeitschriften und im Fernsehen. Diese Modelle sind Superstars: Sie sind jung, schön und erfolgreich. Kein Wunder, daß viele Mädchen glauben: Nur wer dünn ist, ist schön und hat Erfolg!" sagt die Berliner Psychologin Cordula Tröger. Für einige Mädchen wird der Wunsch, dünn zu sein, sogar zur gefährlichen Obsession: Sie werden magersüchtig (Ärzte nennen diese Krankheit Anorexia nervosa).

Paula Karaisgos von der Modellagentur Storm sagt jedoch: „Wer magersüchtig ist, hat meist in seiner Kindheit viele Probleme gehabt. Unsere dünnen Models haben nicht Schuld daran – die Ursachen für Anorexia nervosa liegen woanders." Der Medienexperte Peter Tauber sagt dazu: „Die Medien haben diesen Trend gestartet – und nicht die dünnen Supermodels. Die Medien zeigen am liebsten junge, schöne und dünne Menschen. Sie zeigen damit: Dünnsein ist gesund und attraktiv. Fast alle Leute denken heute schon so!" Was sagen die Models zu diesem Thema? Claudia Schiffer (24) erzählt: „Ich habe mit 17 Jahren zum ersten Mal als Fotomodell gearbeitet. Damals sagte jeder: „Du bist zu dick – du mußt 10 kg abnehmen!" Jetzt bin ich dünn – aber ich esse nur wenig. Fast alle Models machen Diät – das ist für uns normal!" Nadia Auermann (21) aus Ostberlin hält jedoch nicht viel von Diäten: „Diäten sind ungesund. Ich esse, was ich will. Aber ich habe Glück – ich bleibe schlank."

a) Warum finden so viele junge Mädchen, daß sie zu dick sind?

.... **[1]**

b) Was erhoffen sich die Mädchen vom dünn sein?

.... **[1]**

c) Was sind oft die Folgen ihrer Hoffnungen?

.... **[1]**

Exam practice questions

d) Was für Ursachen gibt man für Anorexia nervosa?

.... **[1]**

e) Ihrer Meinung nach, wer ist daran schuld: die Supermodels oder die Medien? Geben Sie mindestens zwei Gründe an.

.... **[2]**

3 Read the information below.

Nicole, 17:

„In manchen Dingen behandeln mich meine Eltern wie eine Erwachsene. Zum Beispiel, wenn ich Aufgaben erfüllen muß: Saubermachen, Babysitten, Haushalt. Manchmal behandeln sie mich auch wie ein Kind: Wenn ich am Wochenende ausgehen möchte oder etwas alleine machen will. Sie geben mir keinen Freiraum."

Verena, 17:

„Für mich war es schwierig, im Kreis meiner Freunde eine eigene Meinung zu haben. Früher habe ich einfach die Ansichten der anderen übernommen – ohne selber darüber nachzudenken. Erwachsenwerden ist für mich die Chance, etwas allein zu machen. Sich von Freunden und Eltern zu lösen und einen eigenen Weg zu finden, nicht mehr

abhängig zu sein."

Manuel, 17:

„Manchmal habe ich auch Angst, daß das Leben, der Beruf und die Partnerschaft langweilig werden."

Marc, 16:

„Gut am Erwachsenwerden finde ich, daß man Auto fahren darf oder spät abends in Discos gehen kann. Angst habe ich davor, daß später nichts aus mir wird, daß ich keinen Job finde und daß ich die Verantwortung für eine eigene Familie nicht tragen kann."

Marco, 13:

„Meine Eltern wollen nicht akzeptieren, daß ich größer werde. Ich will nicht immer mit ihnen spazierengehen, sondern selbst etwas unternehmen."

Susanne, 17:

„Mit 14 mußte ich mich noch bei meinen Eltern durchsetzen, als ich mal weggehen wollte. Heute

verstehe ich mich mit ihnen sehr gut. Auch in der Schule läuft alles prima. Ich habe gute Erfahrungen mit dem Erwachsenwerden gemacht. Das liegt wahrscheinlich daran, daß ich mit meinen Eltern über alle Probleme sprechen konnte. Positives beim Erwachsenwerden: Man bekommt immer mehr Rechte. Mit 18 kann man den Führerschein machen und wählen gehen."

Khamphad, 15:

„Mit meinen Eltern habe ich immer Krach. Sie verstehen meine Probleme nicht. Zum Beispiel streiten wir uns, weil ich jetzt einen Freund habe und abends ausgehe. Früher habe ich mich anders gefühlt. Da war ich nicht so reif. Ich weiß jetzt mehr und bin erfahrener."

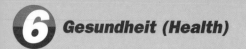

Exam practice questions

Match the opinion to the correct person.

a) Wants the chance to think for self and be more independent.

.... [1]

b) Parents can be stuffy and at times over-protective.

.... [1]

c) Parents cannot accept that he/she has grown up.

.... [1]

d) Has a very open relationship with parents and is able to discuss everything.

.... [1]

e) Is afraid of being unemployed and life having no real purpose.

.... [1]

f) Has very stressful relationship.

.... [1]

g) Is afraid that everything will eventually have no purpose.

.... [1]

Exam practice questions

Writing

1 Du liest dieses Plakat in einer deutschen Stadt.

FITNESS-WOCHE

Wie halten Sie sich fit?

Wir interessieren uns für Ihre Ideen.

Schreiben Sie uns!

10 Stunden kostenlos in unserem Studio zu gewinnen.

Schreibe einen Bericht an das Studio (ungefähr 150 Wörter) mit folgenden Informationen:

- was du dieses Jahr für deine Fitness gemacht hast
- was du isst und trinkst
- deine Meinung über Zigaretten und Alkohol
- dein Fitness-Programm für das kommende Jahr.

....

....

....

....

....

....

Edexcel 2000

Unsere Welt

(The world at large)

The following topics are covered in this chapter:

- **Weather**
- **Environment**
- **Crime**
- **Youth issues**
- **Grammar**

7.1 Weather

LEARNING SUMMARY

After studying this section you should be able to:

- **describe the weather in the present and past tense**
- **explain how the weather affects your moods**
- **read the weather forecast in the reading comprehension papers**

Über das Wetter reden (Talking about the weather)

AQA A   AQA B
EDEXCEL
OCR
WJEC
NICCEA

This topic will be examined on Higher Papers and is also aimed at candidates who wish to achieve A* in the examination.

You have the opportunity to consolidate much of the vocabulary and grammar covered throughout the book as well as the chance to write with a greater degree of accuracy.

die Wolke   der Regen   das Gewitter

Weather

angenehm – pleasant

auf der Straße ist Glatteis – there is black ice on the road

die Aufheiterung (-en) – brighter spell

besser – better

bewölkt – cloudy

blau – blue

der Blitz (-e) – flash of lightning

es blitzt – it is lightning

diesig – misty, hazy

der Donner – thunder

es donnert – it is thundering

der Druck – pressure

es ist dunkel – it is dark

der Dunst – mist, haze

das Eis – ice

draußen ist ein Gewitter – there is a thunderstorm outside

es ist (sind) 30 Grad – It is 30 degrees

die Feuchtigkeit – dampness, humidity

die Flut – high tide

es friert – it is freezing, there is frost

furchtbar – awful

das Gewitter (-) – thunderstorm

der Grad – degree

der Hagel – hail

es hagelt – it is hailing

es ist hell – it is light

heiß – hot

es ist heiß – it is hot

der Himmel – sky

die Hitze – heat

der Hochdruck – high pressure

die Höchsttemperatur (-en) – highest temperature

kalt – cold

es ist kalt – it is cold

klar – clear

das Klima (-s) – climate

mäßig – moderate

mild – mild

nächste – next

nass – wet

der Nebel (-) – fog

es ist neblig – it is foggy

der Niederschlag (-schläge) – precipitation

der Regen *no pl* – rain

der Regenbogen (-bögen) – rainbow

regnerisch – rainy

es regnet – it is raining

das Satellitenbild (er) – satellite picture

der Schatten (-) – shadow, shade

der Schauer (-) – shower, downpour

schlecht – bad

schön – fine

der Schnee – snow

es schneit – it is snowing

es ist schön – it is fine

schwül – heavy, sultry

selten – rare

die Sichtweite – visibility

die Sonne – sun

der Sonnenaufgang (-gänge) – sunrise

der Sonnenschein – sunshine

der Sonnenuntergang (-gänge) – sunset

sonnig – sunny

es ist sonnig – it is sunny

stark – strong

der Sturm (Stürme) – storm

stürmisch – stormy

es ist stürmisch – it is stormy

die Temperatur (-en) – temperature

der Tiefdruck – low pressure

die Tiefsttemperatur (-en) – lowest temperature

trocken – dry

es ist trocken – it is dry

trüb – gloomy, dull

veränderlich – variable

die Verbesserung (-en) – improvement

die Vorhersage (-n) – forecast

der Wetterbericht (-e) – weather report

das Wetter ist schlecht – the weather is bad

die Wetterlage (-n) – weather conditions

die Wettervorhersage (-n) – weather forecast

der Wind (-e) – wind

es ist windig – it is windy

die Wolke (-n) – cloud

wolkig – cloudy

es ist wolkig – it is cloudy

7.2 Environment

 **LEARNING SUMMARY**

After studying this section you should be able to:
- talk and write about environmental issues
- read and understand a variety of articles about 'green' issues

Umweltschutz (Protecting the environment)

AQA A AQA B
EDEXCEL
OCR
WJEC
NICCEA

In Germany the Green Party has had a very big impact on policies both locally and nationally. Most towns have cycle paths as well as highly-developed recycling centres. In shops you are encouraged to re-use plastic bags. There is a very large market for environmentally friendly products such as washing powder, washing-up liquid, etc.

Environment

die Abgase – exhaust gases
abladen *irreg sep* – to dump at sea (oil, chemicals)
der Altglascontainer (-) – bottle bank
das Altpapier – recyclable paper
die Aludose (-n) – aluminium can
atmen – to breathe
die Auswirkung (-en) – effect
bedrohen – to threaten
beschädigen – to damage
der Brennstoff (-e) – fuel
chemisch – chemical
die Einwegflasche (-n) – non-returnable bottle
die Energie – energy
das Erdbeben (-) – earthquake
die Erde – earth
die Fabrik (-en) – factory
der FCKW – CFC
die Flutwelle (-n) – tidal wave
die Folge (-n) – consequence
der Grund (Gründe) – reason
Kern- – nuclear
das Kernkraftwerk (-e) – nuclear power station
die Klimaveränderung (-en) – climate change
die Kohle (-n) – coal

das Kraftwerk (-e) – power station
der Kunststoff (-e), das Plastik *no pl* – plastic
die Lawine (-n) – avalanche
der Müll – domestic waste
die Natur – nature
ökologisch – ecological
der Ölteppich (-e) – oil slick
das Ozonloch (-löcher) – hole in the ozone layer
die Ozonschicht (-en) – ozone layer
das Pestizid (-e) – pesticide
die Pfandflasche (-n) – returnable bottle
die Plastiktüte – plastic bag
der radioaktive Niederschlag – radioactive fall-out
recyceln – to recycle
sammeln – to collect, pick (flowers)
der saure Regen – acid rain
schädlich – harmful
schonen – to protect from harm
schützen – to conserve, protect
sparen – to save
städtisch – urban
die Stadtverschmutzung – urban pollution
die Stahldose – steel can

der Treibhauseffekt – greenhouse effect
überschreiten *irreg sep* – to exceed
die Überschwemmung (-en) – flood
die Umwelt – environment
umweltfeindlich – environmentally damaging
umweltfreundlich – environmentally friendly
verbessern – to improve
verbreiten – to spread
verbrennen *irreg* – to burn
vergiften – to poison
vergiftet – poisoned
vermeiden *irreg* – to avoid
verschmutzen – to pollute
verschwenden – to waste
der Vogelschutz – protection of birds
das Waldsterben – forest death
die Welt – world
der Weltraum – space
wiederverwendbar – re-usable
der Wirbelsturm – tornado
die Wüste (-n) – wilderness, desert
zerstören – to destroy
die Zukunft – future

Conversation: Grades C–A*

AQA A **AQA B**
EDEXCEL
OCR
WJEC
NICCEA

Bist du umweltfreundlich oder umweltfeindlich?	Ich bin umweltfreundlich.
Wieso?	Ich fahre immer mit dem Rad zur Schule.
Was macht deine Familie?	Wir haben kein Auto zu Hause, also müssen wir immer mit dem Bus oder mit dem Rad in die Stadt fahren.
Was macht ihr sonst noch?	Wir sortieren den Müll – wir bringen Gemüsereste auf den Komposthaufen im Garten. Wir gehen mit den Flaschen zum Recyclingcenter. Wir nehmen auch die alten Zeitungen mit, damit sie recycelt werden können.

Change of subject – important at this level.

Machen das viele Familien bei euch in der Nähe?	Leider nicht! Die meisten fahren immer mit dem Auto, und ihre Mülltonne ist jede Woche randvoll. Sie gehen fast nie zum Recyclingcenter. Sie kaufen keine umweltfreundlichen Produkte. Es ist wirklich schlimm!
Warum?	Wir müssen alle mehr für die Umwelt tun. Das Ozonloch wird jeden Tag größer. Man liest ständig vom Treibhauseffekt. In England gibt es zu viel Müll. Das geht uns alle an, und wir müssen versuchen, etwas dagegen zu unternehmen.

7.3 Crime

LEARNING SUMMARY

After studying this section you should be able to:

● *read and understand crime reports*
● *provide an eye-witness report about a crime*

Eine Aussage machen (Making a statement)

AQA A **AQA B**
EDEXCEL
OCR
WJEC
NICCEA

Making a statement

ängstlich – anxious
die Aussage (-n) – statement
bewusstlos – unconscious
dringend – urgent
ernst – serious
der Fußgänger (-) – pedestrian
der Krankenwagenfahrer (-) – ambulance driver

der Passant (-en) – passer-by
die Polizei *sing* – the police
die Polizeiwache (-n) – police station
der Polizist (-en) – policeman
das Pusteröhrchen (-) – breath-test device
das Risiko (Risiken) – risk

die Schuld – fault
die Tragbahre (-n) – stretcher
Herr Wachtmeister – "officer" (male)
der Zeuge (-n) – male witness
die Zeugin (-nen) – female witness
der Zusammenstoß (-stöße) – collision, pile-up

7.4 Youth issues

After studying this section you should be able to:

● *talk and write about some of the issues which concern you*
● *deal with the higher-level reading questions on these issues*

Jugend und Politik (Youth and politics)

Interest in political issues in German-speaking countries is as varied as in the UK. Most teenagers have strong views about the environment and there is the ongoing issue of the *Gastarbeiter* who come to look for work in Germany. Most *Gastarbeiter* come from Turkey and there are many ongoing tensions associated with this.

Youth and politics

die Aggression (-en) – aggression
die Armut – poverty
der Asylbewerber (-) – asylum seeker
Asyl gewähren – to give asylum to
ausplündern *sep* – to exploit
der Aussiedler (-) – German-speaking immigrant
beeinflussen – to influence
der Bürgerkrieg (-e) – civil war
die dritte Welt – the Third World
der Flüchtling (-e) – refugee
der Frieden – peace

der Gastarbeiter (-) – foreign worker
die Gleichberechtigung – equal rights
die Hautfarbe (-n) – skin colour
die Hungersnot (-nöte) – famine
die Königin (-en) – queen
der Krieg (-e) – war
der Obdachlose (-n) – homeless person
die öffentliche Meinung – public opinion
der Parlamentsabgeordnete (-n) – MP

die politische Überzeugung – political opinion
der Premierminister (-) – Prime Minister
quälen – to torture
die Regierung (-en) – government
die Religion (-en) – religion
respektieren – to have respect for
Selbstmord begehen *irreg* – to commit suicide
töten – to kill
Verständnis für etwas haben *irreg* – to have an understanding of something

7.5 *Grammar*

LEARNING SUMMARY

After studying this section you should be able to:

● *write more varied sentences to gain extra marks for accuracy*
● *recognise and use the imperfect tense*

Word order

AQA A   AQA B
EDEXCEL
OCR
WJEC
NICCEA

In Chapter 3 you have already looked at the use of subordinating conjunctions. There are occasions when it is benefical to start your sentence with a subordinate clause, and as a result you need to think about the **VCV** rule.

Look at the following examples:

Bevor er abgefahren **ist, hat** er seinen Koffer verloren.
Sobald er den Unfall **sah, rief** er die Polizei an.

PROGRESS CHECK

Verbinde die Sätze. (Put the clause first.)
1. Die Sendung war zu Ende.   Er lief aus dem Haus.
2. Sie wartete auf den Bus.   Sie fiel in Ohnmacht.
3. Er war in Deutschland.   Er lernte viel über Recycling.
4. Er sah den Obdachlosen.   Er gab ihm Geld.

4. Als er den Obdachlosen sah, gab er ihm Geld.
3. Während er in Deutschland war, lernte er viel über Recycling.
2. Während sie auf den Bus wartete, fiel sie in Ohnmacht.
1. Als die Sendung zu Ende war, lief er aus dem Haus.

KEY POINT

The word order in such combinations of clauses is complicated and marks can be easily lost. You could however try to vary the style of your writing by noting and using the following constructions.

ehe/bevor *er abfuhr –* **vor** *seiner Abfahrt*
nachdem *er das Frühstück gegessen hatte –* **nach** *seinem Frühstück*
während *ich in Deutschland war –* **während** *meines Aufenthalts in Deutschland*

The following sentences can be used in essays at the crucial turning point in the narrative:

Er bemerkte den Dieb nicht – He did not notice the thief.
Er bemerkte nicht, wie der Dieb das Geld nahm – He did not notice the thief taking the money.
Er sah, wie das Kind ins Wasser fiel. – He saw the child fall into the water.
Er hörte das Kind weinen. – He heard the child crying.
Er beschloss, die Polizei anzurufen. – He decided to call the police.
Die Diebe sind falsch gefahren. – The thieves took the wrong road.
Er ist überfahren worden. – He got run over.
Er wurde sofort ins Krankenhaus gebracht. – He was taken to the hospital straight away.
Er wurde vom Arzt untersucht. – He was examined by the doctor.
Er musste operiert werden. – He had to be operated on.

The imperfect tense

AQA A   AQA B
EDEXCEL
OCR
WJEC
NICCEA

The imperfect tense is used principally in writing to tell a story which occurred in the past.

Most novels are written in the imperfect tense.

The following list of verbs is those most commonly required for the GCSE and you should learn them thoroughly. Use them whenever you write reports.

ankommen	kam ... an	to arrive	gewinnen	gewann	to win
anrufen	rief ... an	to phone	haben	hatte	to have
aufstehen	stand ... auf	to get up	bekommen	bekam	to receive
ausgeben	gab ... aus	to spend (money)	helfen	half	to help
beginnen	begann	to begin	kennen	kannte	to know
beißen	biss	to bite	bringen	brachte	to bring
halten	hielt	to stop	lassen	ließ	to leave
bleiben	blieb	to stay	laufen	lief	to run
brechen	brach	to break	lesen	las	to read
kommen	kam	to come	liegen	lag	to lie down
einschlafen	schlief ... ein	to fall asleep	nehmen	nahm	to take
essen	aß	to eat	raten	riet	to advise
fahren	fuhr	to travel	rennen	rannte	to run
fallen	fiel	to fall	rufen	rief	to call
fangen	fing	to catch	scheinen	schien	to appear
finden	fand	to find	schreiben	schrieb	to write
fliegen	flog	to fly	schwimmen	schwamm	to swim
fließen	floss	to flow	sehen	sah	to see
frieren	fror	to freeze	sein	war	to be
geben	gab	to give	sitzen	saß	to be seated
gehen	ging	to go	tragen	trug	to carry/wear
gelingen	gelang	to succeed	treten	trat	to step
geschehen	geschah	to happen	verlassen	verließ	to leave

PROGRESS CHECK

Use the verbs indicated to complete the short paragraph about an accident.

geschehen, laufen, sehen, bremsen, halten, sein, fliegen, fallen, rennen, liegen

Dann ... der Unfall. Eine kleine Katze ... vor das Auto und der Fahrer ... sie zu spät. Er ... sofort, aber das Auto ... nicht, weil auf der Straße Glatteis ...! Die kleine Katze ... durch die Luft und ... auf die Straße. Ich ... über die Straße, aber die Katze ... reglos da.

Dann geschah der Unfall. Eine kleine Katze lief vor das Auto und der Fahrer sah sie zu spät. Er bremste sofort, aber das Auto hielt nicht, weil auf der Straße Glatteis war! Die kleine Katze flog durch die Luft und fiel auf die Straße. Ich rannte über die Straße, aber die Katze lag reglos da.

Sample GCSE questions

Writing

1 Während eines Stadtbummels in Deutschland hast du einen Unfall
gesehen. Schreib einen Bericht über den Unfall für die deutsche
Versicherungsgesellschaft. Beschreib, was geschah.
    Gib Informationen über die Fahrzeuge, die Zeit und das Wetter.
    Was geschah nachher? Wer hat geholfen, usw.?
    (Schreib ungefähr 150 Wörter.)   [20]

> This is a higher level task and gives you the opportunity to write a report in the imperfect tense.

Sample answer

*Gestern nachmittag um dreiviertel vier ging[1] ich in der Stadtmitte
spazieren. Plötzlich begann[1] es stark zu regnen, und die Fahrbahn wurde
sofort naß und rutschig. Als ich die Hauptstraße[2] entlangging, sah ich
einen Unfall. Ein Junge auf einem Fahrrad kam zu schnell aus einer
Nebenstraße und bog in die Hauptstraße ein. Ein Autofahrer, der einen[3]
grünen Volkswagen fuhr, konnte nicht anhalten. Er bremste und
schleuderte, konnte aber den Radfahrer nicht vermeiden. Der
Radfahrer[4] ist überfahren worden. Ich bin der[5] Meinung, daß der
Autofahrer nicht schuld daran war. Glücklicherweise war der Junge
nicht zu schwer verletzt. Während er auf der Straße lag, lief der
Autofahrer los, um[6] die Polizei und das Krankenhaus anzurufen. Ein
paar Minuten später kamen ein Polizist und ein Krankenwagen an. Die
Sanitäter haben den Radfahrer vorsichtig in den Krankenwagen
getragen[7], um ihn ins Krankenhaus zu bringen. Der Polizist fragte, ob
jemand den Unfall gesehen hätte. Ich erzählte ihm[7] davon.*

> [1] simple past
> 2 clause construction
> 3 relative clause
> 4 passive
> 5 opinion
> 6 um … zu *clause*
> 7 pronouns

> Covers the requirements of the rubric. Has good use of the simple past tense, clauses and infinitive phrases with zu and um... zu... Has some good phrases: spazierengehen, bremsen, schleudern, bog in die Hauptstraße ein, ich bin der Meinung, daß..., schuld daran.

Exam practice questions

Listening

1 TRACK 37 TRACK 38

Nachrichten im Radio: ein Eisenbahnunglück. Beantworten Sie die Fragen auf Deutsch.

Abschnitt 1

a) Wo fand das Unglück statt?

.... [1]

b) Wie schnell fuhr der Zug, der in den anderen hineinfuhr?

.... [1]

c) Warum stand der zweite Zug still?

.... [1]

d) Wie viele Leute sind tot?

.... [1]

Abschnitt 2

e) Was hat Herr Lemmer gehört und gesehen?

.... [2]

f) Warum eilte er hin?

.... [1]

g) Worauf warteten so viele Leute?

.... [1]

h) Wissen wir genau, wie viele Verletzte es waren?

.... (1)

i) Was wird im Krankenhaus gemacht?

.... [1]

j) Was müssen die Ärzte in den Krankenhäusern dringend haben?

.... [1]

Exam practice questions

2 **TRACK 39**

Zwei junge Deutsche unterhalten sich über Umweltverschmutzung.
Beantworten Sie die folgenden Fragen auf Deutsch. Hören Sie gut zu.

1. Was beschreibt der Junge als enorm?

    .... durch die .... **[3]**

2. Was verursacht die Verpestung der Luft in der Stadtmitte?

    .... und .... **[2]**

3. Was könnten die jungen Leute tun, um die Umwelt zu schützen?

    Zum Beispiel:

    .... **[2]**

4. Was wäre gesünder für sie?

    Es wäre gesünder .... **[3]**

5. Was sollte man recyceln? .... **[3]**

6. Was wäre etwas Positives zu tun? .... **[3]**

Exam practice questions

Reading

1

Kinder der Wüste Perus

450 Kilometer von der peruanischen Hauptstaft (Lima) entfernt befindet sich die Provinzstadt Nasca auf einem riesigen Wüstenplateau im Süden des Landes. Hier ist es immer trocken; Mangel an Wasser, Kleidung und medizinischer Versorgung gehören zum Alltag der Peruaner. Es gibt auch wenige Arbeitsplätze, daher ist die Ausbildung der Kinder wichtig. Die Gesellschaft Asociacion Pachamam e.V bringt Hilfe.

Für die peruanische Organisation Pachamama Manta Wua Wuan Cunapacc Perupi (auf Deutsch heisst das: Für die armen Kinder Perus, die der Erdgöttin Pacha Mama nachfolgen) hat die Gesellschaft ein Kinderheim, mehrere medizinische Versorgungsstationen, ein Krankenhaus und eine Kinder-Tagesstätte aufgebaut. Die Kinder werden in Maschinenschreiben und Nähen ausgebildet, um ihre Chancen auf einen Arbeitsplatz zu erhöhen.

Die deutsche Archäologin, Stewardess und Mitbegründerin der Asociacion Pachamam, Nicky Mügge-Bruckert war während ihrer ersten Aufgrabungen in Peru Anfang der 70er Jahre schockiert über die ärmlichen Lebensverhältnisse der Landbevölkerung. Die Deutsche begann daher schon bald, Kleider für die Arbeiter zu sammeln. Später zog sie nach Nasca ein und dort wurde sie von einer Lehrerin um Kugelschreiber für ihre Schüler gebeten.Es bleib nicht nur bein den Kulis, denn sie sah hier die Möglichkeit, den Kindern und Jugendlichen langfrisitg zu helfen. Die Kinder haben Fortschritt gemacht: sie können neue Erfahrungen sammeln und auch die Ausbildung für die Zukunft bekommen. Die Kinder erhalten auch Kleider und werden medizinisch versorgt. Damit diese Hilfe auch in der Zukunft gewährleistet bleibt, ist die Asociacion auf Spenden angewiesen.

Exam practice questions

Füllen Sie die Lücken mit passenden Worten aus dem Text aus.

1. Nasca liegt im .... des Landes. **[1]**

2. Die Region ist sehr .... **[1]**

3. Es gibt Probleme mit .... **[1]**

4. Für die Jugendlichen ist .... wichtig. **[1]**

5. Die Gesellschaft Pachamama Wanta Wua Wuan hat .... und

   .... in Nasca aufgebaut. **[2]**

6. Die Kinder lernen .... und .... **[2]**

7. Nicky Mügge-Bruckert war früher .... **[1]**

8. Sie war über die Situation in Peru .... **[1]**

9. Als sie nach Nasca einzog , sah sie .... den Kindern und Jugendlichen

   zu helfen. **[1]**

10. Die Asociacion braucht immer mehr ....* , um in der Zukunft zu helfen. **[1]**

* in diesem Fall ist das passende Wort nicht in dem Text zu finden.

Sie selbst müssen etwas passendes finden.

Exam practice questions

2 Eure Partnerschule in Deutschland schickt euch einen Artikel aus ihrer Schülerzeitschrift. Lies den Text!

JUNGE HOLLÄNDER UND DIE UMWELT

Im April haben wir eine Klassenfahrt nach Holland gemacht. Wir wollten sehen, was junge Leute dort für die Umwelt machen. Wir waren sehr beeindruckt.

Waarle ist eine mittelgroße Stadt mit etwa vierzig tausend Einwohnern. Es gibt Industriegebiete am Rande der Stadt. In der Stadtmitte wird der Verkehr stark reduziert. Es gibt mehrere Fußgängerzonen und überall gibt es Blumen und Bäume. In der Stadtmitte kann man entweder zu Fuß gehen oder mit dem Rad fahren.

In der Schule, mit der wir Kontakt haben, versucht man, Initiativen durchzuführen, die umweltfteundlich sind. Die Schüler sammeln zum Beispiel Altpapier, Kartons, Altglas und Dosen, und helfen älteren Leuten, ihren Müll zu sortieren und zu den Sammelstellen zu bringen. Die Ergebnisse einer Umfrage haben gezeigt, daß die meisten jungen Holländer engagiert sind. Als Verbraucher der Zukunft werden sie einen Einfluß auf die Produktion der Waren haben. Wo möglich kaufen sie recycelte Waren: das gilt auch für ihre Schule. Sie sind nicht bereit, Produkte mit zu viel Verpackung, Einwegflaschen und gefährlichen Spraydosen zu kaufen.

Unser Besuch war sehr informativ und wir haben viel gelernt. Trotzdem finde ich, daß auch wir schon viel für unsere Umwelt und die Zukunft machen.

Beantworte die Fragen. Gib kurze Antworten auf Deutsch!

a) Wann hat die Fahrt stattgefunden?

Die Fahrt hat ....stattgefunden.   **[1]**

b) Was war der Zweck des Besuchs?

Die deutschen Schüler wollten ....   **[1]**

c) Wie umweltfreundlich war die Stadtmitte?

Nenne 3 Punkte!

....

....   **[3]**

d) Wie helfen die holländischen Schüler den Rentnern in der Stadt?

....

....   **[1]**

Exam practice questions

e) Wie können junge Menschen eine Wirkung auf die Herstellung von Waren haben? Nenne 2 Punkte.

....

.... **[2]**

f) Wie sehen die deutschen Schüler die Umweltsituation in Deutschland?

....

.... **[1]**

WJEC 1999

3 IN DER ZEITUNG

Welche Schlagzeile paßt zu welchem Text? Trage den richtigen Buchstaben in das Kästchen ein.

Schlagzeilen:

A **Autos gestohlen**
B **Feuerwehr: „Vielleicht eine Bombe!"**
C **Straßenunfall**
D **DM 600,- und Papiere gestohlen!**
E **Unehrliche Verkäuferinnen!**
F **Von Jugendlichen gerettet**

Beispiel:

☐B☐ Explosion in einem Haus in Dresden. Drei Leute verletzt.

i) ☐ An der Haltestelle wartete eine Frau auf den Bus. Ein Mann nahm ihre Handtasche und rannte davon.

ii) ☐ Ein 29jähriger Mann fiel gestern abend auf dem Weg nach Hause in den Fluß. Zwei Jungen fischten ihn heraus und brachten ihn ins Krankenhaus.

iii) ☐ Der Fahrer eines VW Passats hatte zuviel Alkohol getrunken und fuhr gegen Mitternacht auf einen Mercedes auf.

iv) ☐ An der Wohnungstür kaufte eine alte Dame von zwei Frauen einen Mixer für nur 30,- DM. Die Frauen hatten ihn im Warenhaus gestohlen. **[4]**

Edexcel 1999

Writing coursework

The following topics are covered in this chapter:

- **Creating a coursework file**
- **Preparing for coursework**

8.1 Creating a coursework file

After studying this section you should be able to:

- **produce a number of pieces of written work which you could use as coursework**

In the new GCSE examination you can still opt for coursework instead of the writing examination. You will need to discuss with your teacher whether this option is available to you. Examination Groups are keen for students to produce a portfolio of evidence for the written coursework and you should think carefully about the types of task which you include in your portfolio. You can include a variety of tasks to cover one topic, e.g. you can complete a reading passage and use some of the ideas in this to help you to write your own piece of work on the topic; you can write a short article; you can write a variety of letters; you can design a poster or a leaflet.

You should ask your teacher for advice on this as much as possible.

 KEY POINT The coursework is an opportunity for you to tackle an area of your own choice in your own individual way.

You should also include any draft work and stimulus work used.

Coursework topics

AQA A   AQA B
EDEXCEL
OCR
WJEC
NICCEA

F = Foundation
H = Higher

You should check your tier of entry carefully so that when you complete written work it is of the correct standard. At Higher tier you will need to include a variety of tenses *and* opinions.

Some of the tasks listed here could be used as Higher or Foundation – the number of words, style and syntax will determine the level of entry.

Most of the GCSE topics allow you and your teacher to plan coursework.

Everyday life

- a letter about yourself and your family (F/H)
- a letter about your relationship at home (H)
- a comparative essay about German and British Schools (H)
- a letter describing a house move (F/H)
- a formal letter requesting information about a house exchange scheme (F/H)

Leisure

- a description of a visit to the cinema (F/H)
- a letter outlining how English teenagers spend their leisure time (H)
- a description of a famous person (H)
- a letter to talk about past and present hobbies (F/H)
- a letter to talk about TV viewing habits (F/H)

Holidays and travel

- a letter to describe your last holiday (F/H)
- a postcard to describe your journey to a destination (F/H)
- a letter to a friend to invite him/her to spend time with you in England with plans for the visit (F/H)
- a report to describe a journey by rail (H)
- a letter to reserve accommodation in a hotel/at a campsite etc (F/H)
- a letter to complain about holiday accommodation (H)
- a leaflet describing your house and area for a house swap (F/H)

Shopping

- a letter to describe a visit to the shops (F/H)
- a letter to describe a meal in a restaurant (F/H)
- a description of how you celebrated your last birthday (F/H)
- a description of a British Christmas (H)
- a comparison of Christmas in the UK and Christmas in Germany (H)

World of work

- a simple CV
- a simple job advert
- a simple letter to apply for a job
- advice on how to behave at an interview
- a detailed CV
- a detailed letter to apply for a job
- a description of your own work experience
- discussion essay on advantages and disadvantages of work experience

Can you make a list of possible tasks for health?

8.2 Preparing for coursework

After studying this section you should be able to:
- **put together some pieces of course work for the module 'World of work'**

Planning your course work

KEY POINT

When preparing for written work, you should always write a plan. This will enable you to order your thoughts carefully.

A plan will ensure that you do not omit important details.

When writing a plan you could structure your ideas in a writing frame. By using the frame you will be able to give a logical arguement.

Task: imagine that you have read an article about work experience in Germany and you decide to write about work experience in the UK.

Here is an example of what you could have read:

„Toll, drei Wochen keine Schule!"

Peter freut sich schon auf paradiesische Zeiten. Das wird sich erst zeigen, denke ich für mich. Ich bin der Klassenlehrer dieser 9R2, die in den nächsten Wochen ihr Betriebspraktikum machen soll. Alle Schüler der vorletzten Klassen (die 8. Klasse in der Hauptschule und die 9. in der Realschule) haben diese Möglichkeit. Sie sollen Erfahrungen in der Arbeitswelt sammeln: Berufe und Produktionsabläufe kennenlernen und den Umgang mit Menschen in der Arbeitswelt. Einige Wochen lang haben wir uns vorbereitet. Wir haben Lebensläufe und Bewerbungen geschrieben und die JugendArbeits-Gesetze durchgenommen. (Verboten sind zum Beispiel Akkord-Arbeit und körperliche Strafen.) Wir haben über Versicherungen gesprochen und mit einem Computer nach den besonderen Neigungen und Fähigkeiten jedes Schülers gesucht. Einige Schüler fanden dann selbst eine Stelle für ihr Praktikum, andere bekamen Hilfe von der Schulleitung. An diesem Freitag freuen sich alle. Es ist der letzte Schultag vor dem Praktikum. Jeder hat eine Stelle gefunden. Auf meinem Tisch liegt die Liste von Firmen: eine Autowerkstatt, ein Hotel, ein Reisebüro, eine Bank, eine Bäckerei, eine Versicherung, eine Krankenkasse, die Stadtverwaltung, ein Supermarkt, ein Fotolabor, ein Postamt, ein Krankenhaus, ein Zahnarzt ... Es ist fast alles dabei. Aufgeregt stellen die Schüler noch letzte Fragen (natürlich sind alle schon besprochen): „Wie lange müssen wir höchstens arbeiten?" (sechs Stunden täglich) „Wieviel Mittagspause steht uns zu?" (30 Minuten) „Müssen wir jeden Tag hin?" (Sonntags nicht und ein Werktag ist frei.) „Bekommen wir Geld dafür?" (Nein. Aber ihr sollt auch nicht als billige Arbeitskraft eingesetzt werden, sondern lernen und probieren!) „Was ist bei Krankheit?" (Schule anrufen und den Betrieb). „Tschüs, ... und viel Spaß!" wünsche ich allen. Denn am Montag geht's los.

There are many useful ideas in the text that you could use in the description of your own work experience.

1. *Warum machen die Schüler ein Praktikum?*
2. *Was haben die Schüler geschrieben?*
3. *Was für Stellen haben die Kinder gefunden?*
4. *Wie lange sollten sie täglich arbeiten?*

You can then make use of the article to take notes about work experience in German schools, plan a piece of writing saying what happens in Germany and compare it with the UK.

As this is a Higher Level task you need to write over 200 words and include a range of structures and sentences designed to catch the attention of your examiner.

Vocabulary plan

Vocabulary needed:

Was?	Wann?	Vorteile
Betriebspraktikum	letztes Jahr	gut
Mitarbeiter		interessant
Arbeitswelt	**Wo?**	keine Schule
Erfahrungen	in einem Laden	viel lernen
arbeiten		
lernen	**Wie?**	**Nachteile**
helfen	anstrengend	langweilig
bedienen	manchmal langweilig	nicht viel Verantwortung
kein Geld		
nur nachsehen		
Meinung?		
nützlich		

Can you add further vocabulary?

Writing frame

Create a writing frame like this one and use it to describe your work experience.

Letztes Jahr habe ich ein Berufspraktikum gemacht. Ich habe in einem Laden in der Innenstadt gearbeitet.
Wie war der Arbeitstag? In this section, describe your working hours, breaks, etc.
Was für Kleider musstest du tragen? In this section talk about what you had to wear.
Während meines Praktikums habe ich ... Describe a typical day.
Ich habe auch ...
Für mich war das Praktikum ... , weil ... . Offer an opinion.
Positive Erfahrungen: Some general statements needed.
Ich habe viel über die Arbeitswelt gelernt.
Negative Erfahrungen
Für mich war der Arbeitstag ein bisschen zu lang und anstrengend.

Model Answer

Simple, but effective description of a typical day.

Letztes Jahr habe ich ein Berufspraktikum gemacht. Mein Arbeitsplatz war in einem Laden in der Innenstadt. Der Arbeitstag hat um neun Uhr angefangen, und ich musste acht Stunden arbeiten. Ich musste jeden Morgen früh aufstehen, um den Bus nicht zu verpassen. Die Fahrt zur nächsten Innenstadt hat zwanzig Minuten gedauert. Abends war die Fahrt nicht so gut, weil der Bus immer Verspätung hatte. Es gab eine Kaffeepause um elf Uhr, und ich hatte auch eine Mittagspause um ein Uhr. Während der Mittagspause habe ich in der Kantine gegessen, weil das Essen dort gut

Opinions!

schmeckte und auch preiswert war. Ich habe mich auch mit meinen Kollegen unterhalten. Ich musste eine Uniform tragen, einen blauen Rock und eine weiße Bluse. Ich fand die Uniform sehr praktisch, aber ein bisschen eng und altmodisch.

Während meines Praktikums habe ich die Kunden bedient, ich habe an der Kasse gearbeitet und ich musste auch jeden Tag aufräumen. Die Arbeit an der Kasse fand ich schwierig. Das viele Geld hat mich nervös gemacht.

Advantages.

An evaluation of why the experience was good.

Disadvantages.

Das Praktikum war interessant für mich, weil ich viel über die Arbeitswelt gelernt habe. Und ich hatte zwei Wochen lang keine Schule und keine Hausaufgaben. Andererseits hatte das Praktikum auch Nachteile - ich musste auch samstags arbeiten, und das hat mir nicht so gut gefallen.

Vocabulary plan

You should now be able to use the highlighted text from the reading article as well as the description of work experience in England to write a comparative text about Work Experience in Germany and England.

Remember to write a plan and note down some of the similarities/differences between the systems.

DEUTSCHLAND	ENGLAND
drei Wochen lang	zwei Wochen lang
Kinder der achten	Kinder des zehnten oder
oder der neunten Klasse	elften Schuljahrs
Berufe ausprobieren	etwas aus der Arbeitswelt lernen
viele Vorbereitungen	nicht so viele Vorbereitungen
Lebensläufe schreiben	Formulare ausfüllen
ihre eigenen Stellen finden	Stellen von der Schule bekommen
kein Geld dafür bekommen	kein Geld dafür bekommen
neue Erfahrungen sammeln	neue Erfahrungen sammeln

Writing frame

In Deutschland wie auch in England müssen Schüler ein Berufspraktikum machen. In England sind die Schüler normalerweise fünfzehn Jahre alt, wenn sie das Praktikum machen, und in Deutschland sind sie im gleichen Alter.

In England arbeiten die Schüler zwei Wochen lang, in Deutschland dagegen drei Wochen.
Vor dem Praktikum gibt es viel zu tun. In Deutschland ...,
aber in England ...
Die Schüler können entweder ihre eigenen Stellen finden oder eine Liste durchlesen, um etwas zu finden. Ich finde es besser, wenn ... (explain which system is better for you and give a reason)
Während des Praktikums sollen die Schüler ... (list what they are expected to gain from work experience)
Es gibt natürlich Nachteile. (List what the disadvantages might be and explain that young people are the same in every country, e.g. they find work boring, but they have to learn.)
Meiner Meinung nach ist es eine gute Idee, an einem Praktikum teilzunehmen, weil ... (Give a reason why work experience is beneficial to young people nowadays.)

Model answer

When writing a comparative text you must *get the correct* balance.

Good comparative connective.

Opinion!

An opportunity to state what is similar.

Own opinion as conclusion is very important.

In Deutschland wie auch in England müssen Schüler ein Berufspraktikum machen. In England sind die Schüler normalerweise fünfzehn Jahre alt, wenn sie das Praktikum machen, und in Deutschland sind sie im gleichen Alter. Man macht das Praktikum am Ende des zehnten Schuljahrs. In England arbeiten die Schüler zwei Wochen lang, in Deutschland dagegen drei Wochen. Ich finde, zwei Wochen sind genug, weil die Arbeit oft langweilig ist.

Vor dem Praktikum gibt es viel zu tun. In Deutschland arbeiten die Schüler mit dem Computer und schreiben einen Lebenslauf und Bewerbungen. In England besprechen wir die Jugend-Arbeits-Gesetze. Die Schüler können entweder ihre eigenen Stellen finden oder eine Liste durchlesen, um etwas zu finden. Ich finde es besser, wenn man Hilfe von der Schule bekommt. Es ist nicht so stressig, und falls es Probleme gibt, kann man sie mit dem Schulpersonal besprechen.

In beiden Ländern sollen die Schüler während des Praktikums Erfahrungen in der Arbeitswelt sammeln und Berufe ausprobieren. Sie sollen auch den Umgang mit Menschen lernen. Es gibt natürlich Nachteile. Der Arbeitstag ist manchmal zu lang oder langweilig. Aber es ist wichtig zu lernen, wie es in der Arbeitswelt aussieht. Es gibt gute und auch schlechte Tage.

Meiner Meinung nach ist es eine gute Idee, an einem Praktikum teilzunehmen, weil man Berufe ausprobieren und etwas über die Arbeitswelt lernen kann.

Exam practice answers

CHAPTER 1

Listening 1

(a) the lake (den See), trees (Bäume) and sailing boats (Segelboote)

(b) on the right (rechts)

(c) a shower (eine Dusche) and the toilet (die Toilette)

(d) half past eight (i.e half an hour after we get up at 8 o'clock)

(e) in the kitchen (in der Küche)

Reading 1

(a) Her elder brother

(b) He takes her glass when he wants a drink; he thinks he can boss her about because he is older.

(c) She doesn't know how.

Reading 2

(a) Von Problemen junger Leute

(b) Sie dürfen ehrlich ihre Meinung sagen.

(c) ehrlich und hilfreich und kostenlos

(d) um etwas zu lernen

Reading 3

Ärger mit den Eltern

	Matthias	Katrin	Sebastian
Beispiel: Ich bekomme kein Taschengeld von meinen Eltern.		X	
(a) Ich darf meine Klassenkameraden nicht anrufen.	X		
(b) Ich muss aufräumen und putzen.		X	
(c) Ich darf meine Lieblingssendungen nicht sehen.	X		
(d) Ich darf nicht mit der Familie zusammen essen.			X

a You need to know that *anrufen* (+ accusative) and *telefonieren* (mit + dative) are synonyms.

b. *Aufräumen* and *putzen* are two verbs showing how you help at home.

c. *Sendungen* are TV programmes: you need to look for *fernsehen* or *Fernseher*.

Writing 1

Leicester, den 11. September

Lieber Jürgen,

Vielen Dank für deinen Brief. Mir und meiner Familie geht es gut im Moment, nur meine jüngere Schwester hat sich neulich das Bein gebrochen.

Die Reise nach Hause war ziemlich lang und anstrengend. Wir sind früh am Morgen vom Campingplatz abgefahren, aber auf den Autobahnen gab es überall Staus. Unterwegs bin ich eingeschlafen, aber ich habe mich auch mit meiner Schwester unterhalten. Gegen zwei Uhr nachmittags haben wir an einem Rastplatz angehalten, um etwas zu essen zu kaufen. Gegen abends halb elf haben wir Calais erreicht und sind direkt auf die Fähre gefahren. Die ganze Strecke von Seville nach Calais hat fast sechzehn Stunden gedauert! Die Reise nach Dover dauerte nur fünfundsiebzig Minuten, und ich habe im Restaurant gegessen und bin noch einmal eingeschlafen.

Was hast du in Dover gemacht? Letztes Jahr hat meine Klasse eine Fahrt nach Wales gemacht. Wir haben in einer Jugendherberge übernachtet und viel unternommen. Außerdem haben wir Cardiff besucht. Warst du schon mal in Wales? Die Landschaft ist wunderschön!

Letzte Woche fing die Schule wieder an. Dieses Jahr ist sehr wichtig

für mich, denn im Mai mache ich die GCSE-Prüfung. Ich brauche gute Noten für nächstes Jahr, weil ich die Oberstufe machen möchte. Ich würde gern Naturwissenschaften belegen, aber das hängt von meinen Ergebnissen ab. Nach dem Abitur möchte ich auf die Uni gehen, um Arzt zu werden.

Leider habe ich nicht genug Zeit, um ins Kino zu gehen, aber ich leihe mir oft Videos aus. Neulich habe ich einen Actionfilm gesehen. Es war der neue James-Bond-Film. Ich fand ihn toll. Einen Horrorfilm habe ich auch gesehen, aber der war nicht so gut.

Jetzt muss ich Hausaufgaben machen!

Bis zum nächsten Mal – viele Grüße.

Dein Freund

Ben

Writing 2

Unser Haus liegt in einem Stadtteil von Leicester.

Unser Haus ist ziemlich klein und modern.

Oben im Haus gibt es drei Schlafzimmer und das Badezimmer.

Unten sind die Küche und das Wohnzimmer.

Wir haben einen Garten hinter dem Haus, und eine Garage haben wir auch.

CHAPTER 2

Listening 1

20.00	Tagesschau/Wetterbericht
20.15	eine Serie
21.45	einen Dokumentarfilm über Indien
22.30	die Sportschau
23.30	Nachrichten und Ziehung der Lottozahlen
01.00	Sendeschluss

Reading 1

(a) Tina (b) Konstanze (c) Benjamin (d) Sebastian
(e) Benjamin (f) Manuela (g) Moritz (h)Sebastian

Reading 2

4 8 3 7 6 1 5 2

Writing 1

1. Im Sommer spiele ich mit Freunden Tennis.

2. Jeden Abend höre ich Radio.

3. Ich gehe am Samstagabend ins Kino.

4. Ich gehe am Wochenende reiten. Ich habe mein eigenes Pferd.

5. Bei schönem Wetter fahre ich Rad.

Writing 2

Manchester, den 12. Juli

Liebe Sabine!

Wie geht's? Mir geht es gut im Moment. Ich habe Ferien und muss nicht zur Schule gehen! Toll, oder?

Wie du weißt, bin ich ziemlich sportlich, und in meiner Stadt kann man viel Sport treiben. Das neue Sportzentrum liegt direkt in der Nähe von unserem Haus, und ich gehe fast jeden Tag dorthin. Es gibt auch eine neue Kegelbahn, aber das kostet eine Menge Geld. Im Sportzentrum gibt es ein großes Hallenbad, und jeden Morgen von sechs bis sieben Uhr gehe ich schwimmen. Ich gehe auch nach der Schule ins Sportzentrum, zum Aerobik-Training.

Letzten Samstag bin ich mit meiner besten Freundin zur Kegelbahn gegangen. Das hat sechs Pfund gekostet, aber ich habe einen netten Jungen aus meiner Schule getroffen. Er heißt Mark, und ich bin schon seit langem sehr in ihn verliebt! Wir haben gegen die Jungen gespielt und verloren. Nach dem Spiel haben wir zusammen einen Kaffee getrunken, und dann sind wir nach Hause gefahren. Mark ist so nett und sieht so toll aus! Wir werden uns nächsten Samstag sehen. Am Samstagnachmittag werden wir einkaufen gehen. Am Samstagvormittag spielt er in einer Hockeymannschaft, also können wir nur am Nachmittag zusammen ausgehen.

Am Samstagabend werden wir ins Kino gehen, um den neuen Actionfilm mit James Bond zu sehen. Am Sonntag wird er mir bei den Hausaufgaben helfen.

Was hast du für Pläne für nächstes Wochenende?

Schreib mir bitte bald!

Deine

Lisa

Chapter 3

Listening 1

Abschnitt 1	Abschnitt 2
(a) der Mann	(f) der Mann
(b) der Mann	(g) die Frau
(c) der Mann	(h) der Mann
(d) die Frau	(i) der Mann
(e) die Frau	(j) die Frau

Listening 2

(a) about one and a half hours

(b) the main railway station

(c) little old houses

(d) narrow streets

(e) in the buildings around the market place

(f) the Roland monument

(g) 1404

(h) in the pedestrianised zone

Listening 3

1 (d) 2 (c)

Listening 4

(a) um halb sieben

(b) um sechs Uhr, um achtzehn Uhr

(c) der Schlüssel/der Zimmerschlüssel

(d) es gibt nichts zu tun/es ist langweilig/es ist ungemütlich

(e) zwei Wochen

Listening 5

1. Mayrhofen liegt in einem Tal.
2. In der Stadt kann man besonders gut essen.
3. Kurkonzerte gibt es nur nachmittags.
4. Die Stadt ist ein bekannter Skiort.
5. Man kann in der Gegend im Winter und im Sommer Ski fahren.
6. Es gibt sehr viele Sportmöglichkeiten in Mayrhofen.
7. Im Schwimmbad ist das Wasser warm.
8. Das Kinderprogramm ist auch bei schlechtem Wetter gut.
9. Der Ort ist wegen der Luft auch sehr gesund.

Reading 1

(i) Angelika ist ins Gebirge gefahren.

(ii) Petra ist geflogen.

(iii) Petra hatte am zweiten Tag besseres Wetter.

(iv) Angelika konnte wegen des Wetters nicht viel sehen.

(v) Petra meint, es gibt abends viel in der Stadt zu tun.

(vi) Angelika hat ein bisschen Walisisch gelernt.

Reading 2

1. Lots of traffic jams as the car first appeared on the roads.
2. Australia.
3. Have to wait a long time to get a new model.
4. Greater demand than elsewhere.
5. Technical details.

Reading 3

(a) The Hotel Beate is right on the beach.

(b) Breakfast and dinner

(c) Shower, telephone, TV (any two)

(d) a small swimming pool

a safe play area (either one)

(e) Water sports on the beach

Shops nearby

Dancing on the terrace in the evening (any two)

Reading 4

c, d, e, g

Writing 1

1. Ich mache Urlaub in Österreich.
2. Ich übernachte im Zelt.
3. Ich bin Rad gefahren.
4. Am Samstag gehe ich in ein Restaurant.
5. Ich habe Souvenirs gekauft.

Writing 3

Lieber Herbergsvater,

meine Freunde und ich planen eine Klassenfahrt nach Berlin. Wir wollen in Berlin übernachten und ich möchte gern Betten reservieren.

Wir sind sechzehn in unserer Gruppe (acht Jungen und acht Mädchen), und wir möchten sechs Nächte, vom ersten bis zum siebten Mai, in Ihrer Herberge verbringen. Schlafsäcke haben wir. Kann man in der Herberge kochen oder etwas zu essen kaufen?

Da es unser erster Besuch in Berlin ist, könnten Sie uns etwas Informationsmaterial über die Stadt und die Umgebung schicken? Was kann man tagsüber unternehmen? Und am Abend? Wir interessieren uns sehr für Sport – Berlin hat bestimmt viele Sportmöglichkeiten.

Wir möchten auch Fahrräder mieten. Wäre das möglich, und könnten Sie uns hierfür auch eine Preisliste schicken?

Ich freue mich auf Ihre baldige Antwort.

Mit freundlichen Grüßen,

Silke

Writing 4

Durham, den 12. Juni

Hallo Claudia!

In zwei Wochen wirst du hier sein! Ich habe schon viele Pläne für deinen Besuch.

Wir werden zwei Tage zusammen in der Schule verbringen, und dann lernst du meine Gegend kennen.

Durham ist eine relativ große Stadt in Nordostengland mit ungefähr 100.000 Einwohnern. Die Stadt hat eine berühmte Universität, und überall sieht man viele Studenten. Neben der Uni gibt es einen Fluss, wo man Boote mieten kann. Im Sommer machen wir oft ein Picknick am Flussufer, wenn das Wetter schön ist.

Wir haben ein modernes Einkaufszentrum in der Innenstadt, aber am besten fährt man nach Gateshead, um „Metro City" zu besuchen. Das ist das größte Einkaufszentrum in Nordengland mit vielen verschiedenen Geschäften: Modeläden, Musikläden usw.

Wir sind hier nicht weit von der Küste entfernt, aber das Meer ist leider immer ziemlich kalt. Wir könnten vielleicht den Badeort Whitby besuchen, aber das hängt vom Wetter ab. Es gibt auch einen schönen Wasserfall in der Gegend. Er liegt nur fünfhundert Meter von meinem Haus entfernt, man kann von hier aus zu Fuß hingehen.

Was willst du machen, wenn du hier bist? Gibt es etwas Besonderes, das du machen möchtest?

Ich freue mich schon auf deinen nächsten Brief, dein Peter

CHAPTER 4

Listening 1

	Karina	Oliver
Es ist nicht so gesund, vegetarisch zu essen		X
Die Mutter macht die Einkäufe	X	
isst meistens Hühnchen	X	
isst Fleisch vom Bio-Bauern		X
findet die Veganer komisch		X
hat viele Freunde, die vegetarisch essen	X	

Listening 2

	Eis	Kaffee	Tee	Torte	Strudel
Karl		✗			
Jürgen				✗	
Uschi			✗		✗
Lotte	✗				

Listening 3

Part 1: (a): (ii); (b): (ii) and (iii); (c): (iii)

Part 2: (d): Monika: a black dress and a long blue dress;
Helga: a green dress; (e): (i); (f): (iii)

Reading 1

	richtig	falsch
Beispiel: Güney wohnt in Deustchland	X	
(a) Die Fastenzeit verändert Güneys Aussehen nicht		X
(b) Güney findet das Fasten akzeptabel	X	
(c) Während des Fastenmonats hat er gar nichts gegessen	X	
(d) Gülsen fastet auch mit		X
(e) Es stört Güny nicht, im August zu fasten		X
(f) Am Ende des Monats geht man auswärts essen		X
(g) Beim letzten Zuckerfest bekam Güney als Geschenk ein Kleidungsstück	X	
(h) Güney ist der Meinung, dass man Geld spenden sollte, wenn man kann	X	

Reading 2

(a) It means changing her eating habits a bit.

(b) She wants to watch how much fat she is eating.

Meat-eating is an environmental problem.

Meat is disgusting. (any two)

(c) Because there is such a large choice of vegetables nowadays.

(d) She uses garlic.

She adds herbs and spices.

(e) She steams vegetables.

(f) It does not bother her: if people choose to eat meat then that is their own choice.

CHAPTER 5

Listening 1

(a) jobs

(b) pictures, experience, desired jobs

(c) to give the teenagers something to do

(d) They have found jobs.

Listening 2

(a) airport, factory (b) 14:00 (c) town

Reading 1

Jennifer: C; Sonja: D; Susanna: F; Veronika: E

Reading 2

(a) Sie kommen seit vielen Jahren nach Wales.

(b) Sie arbeiten in den Nationalparks.

(c) Die Schüler können eine andere Landschaft kennenlernen.

(d) Sie arbeiten mit den Leitern der Nationalparks.

(e) (i) Sie haben Gras gerupft.

(ii) Sie haben ein Vogelhäuschen gebaut.

(f) Sie haben in einer Schule in Brecon gefeiert.

(g) Im Jahr 2000.

(h) Es ist ein volkskundliches Museum.

Writing 1

Man sollte immer pünktlich sein.

Man sollte eine Jacke tragen.

Man sollte kein Make-up tragen.

Man sollte höflich sein.

Man sollte nicht lachen.

Writing 3

Neulich habe ich vierzehn Tage Berufspraktikum in einem Büro gemacht. Zuerst war es fremd, einen Anzug zu tragen und immer pünktlich ins Büro kommen zu müssen. Ich hatte auch keine Idee, was ich tun sollte. Meine Aufseherin erklärte mir, daß ich das Telefon abnehmen sollte, wenn es klingelte. Um das zu tun, mußte ich lernen, wie die Telefonanlage funktionierte. Glücklicherweise dauerte das nicht lange. Ich mußte auch den Kaffee kochen und viele Akten in den Aktenschrank ablegen. Ich fand das ziemlich langweilig, aber in der zweiten Woche erlaubte man mir, etwas Textverarbeitung am Computer zu machen. Das interessierte mich viel mehr.
Meine Kollegen waren sehr angenehm und halfen mir, alles im Büro zu verstehen. Ich wollte dieses Praktikum in einem Büro machen, denn ich interessiere mich sehr für Computer und werde so eine Stelle suchen, wenn ich die Schule verlasse. Ich habe viel über die Arbeit in einem Büro gelernt.

Writing 4

Zu Ostern habe ich mich um einen Ferienjob in einem Supermarkt beworben. Ich hatte Glück, sie haben mich als Verkäufer/Verkäuferin für zwei Wochen angestellt. Ich arbeitete nur Teilzeit, meistens drei Stunden pro Tag, aber das konnte entweder früh morgens ab halb sechs oder spät abends bis elf Uhr sein. Manchmal habe ich auch während des Tages gearbeitet, das hing von der Schicht ab.
Ich habe diesen Job gewählt, weil ich noch viel Arbeit für meine Prüfungen hatte. Ich wollte auch wissen, wie anstrengend so eine Stelle sein würde. Aber es war nicht zu anstrengend, und ich hatte viel Freizeit, Sport zu treiben und zu lernen.
Es war interessant, allerlei Menschen zu begegnen. Ich mußte auch schnell lernen, wo alles im Laden war, so daß ich den Kunden helfen konnte. Am Ende der zweiten Woche wußte ich genau, daß ich Verkäufer/Verkäuferin nie werden wollte. Die Arbeit war zu langweilig, und man verdient nicht genug Geld.

CHAPTER 6

Listening 1

(i) Peter: A (ii) Tina: D (iii) Anke: C (iv) Felix: F

Listening 2

Abschnitt 1

(a) R (He has never tried drugs.)

(b) R (You can become dependent on drugs.)

(c) F (He has smoked since he was 10.)

(d) R (He thinks smoking is stupid and dangerous.)

(e) F (No, he was 10.)

Abschnitt 2

(f) R (Yes, stress in school is one of the reasons for taking drugs.)

(g) F (You do not feel grown up if you are bored.)

(h) R (They smoke because they want to feel attractive.)

(i) R (Yes, he would feel fitter.)

(j) R (Yes, drug dependent people should try to say 'no'.)

Listening 3

Abschnitt 1

(a) Er hat Kopfweh und Fieber

(b) Er sollte zwei Tabletten dreimal am Tag einnehmen.

(c) Er sollte zwei oder drei Tage im Bett bleiben.

(d) Er sollte viele warme Getränke trinken.

Abschnitt 2

(e) Zwanzig Tabletten kosten 8 DM.

(f) Weil der Kunde Husten hat.

(g) Sie kostet sechs Mark.

Reading 1

(i) G (ii) A (iii) D (iv) E

Reading 2

(a) Weil sie immer die dünnen Modelle sehen.

(b) Daß sie glücklicher und erfolgreich sein werden.

(c) Sie essen nicht genug und werden manchmal sogar magersüchtig.

(d) Anorexia nervosa beginnt in der Kindheit, wenn man Probleme mit den Eltern oder mit den Verhältnissen hat.

(e) Die Supermodelle, weil sie immer dünner werden und weil sie fast nie über Gesundheit und Diäten sprechen. Die Medien, weil sie immer die Supermodelle zeigen und weil sie sagen, daß Dünnsein gesund und attraktiv ist.

Reading 3

(a) Verena; (b) Nicole (c) Marco (d) Susanne

(e) Marc (f) Khamphado (g) Manuel

Writing 1

Fitnesswoche

Dieses Jahr habe ich versucht, ein Fitnessprogramm durchzuhalten. Im Januar habe ich mit dem Schwimmen angefangen. Ich bin zweimal pro Woche zum Hallenbad gegangen und zuerst nur zwanzig Minuten im Wasser geblieben. Ich gehe immer noch zweimal pro Woche, und das hat mir geholfen.

Im Frühling habe ich ein neues Fahrrad gekauft und bin täglich mit dem Rad zur Schule gefahren. Es sind nur fünfzehn Minuten mit dem Rad, aber bei schlechtem Wetter macht es nicht so viel Spaß.

Im Sommer habe ich mit Freunden oft Tennis gespielt. Wir sind Mitglieder in einem Verein, und wir haben fast jeden Abend gespielt.

Beim Essen und Trinken mache ich jetzt auch vieles anders. Ich esse keine Schokolade mehr, dafür esse ich viel Obst. Ich nasche nie zwischendurch. Ich trinke nur eine Tasse Kaffee pro Tag und ansonsten immer Mineralwasser. Zum Frühstück esse ich Cornflakes mit Magermilch und trinke Saft dazu. In der Schule esse ich Butterbrote mit Schinken oder Tomaten, keinen Käse, weil der zu viel Fett enthält. Abends esse ich normalerweise etwas Warmes – Fleisch mit Gemüse oder Nudeln.

Ich habe noch nie Zigaretten oder Drogen probiert. Meine beste Freundin raucht, und sie stinkt immer nach Zigarettenrauch! Wein habe ich schon getrunken, aber nur zu Weihnachten und zum Geburtstag. Ich gehe nicht gern in Kneipen. Alkohol und Zigaretten kosten viel Geld, so etwas kann ich mir gar nicht leisten!

Im kommenden Jahr werde ich versuchen, noch mehr Sport zu treiben. Schwimmen macht mir Spaß, damit will ich weitermachen. Ich werde mehr Gemüse essen und weniger Fett.

CHAPTER 7

Listening 1

Abschnitt 1

(a) auf der Strecke zwischen Köln und Düsseldorf

(b) mit einer Geschwindigkeit von 45 Kilometern pro Stunde

(c) Er hatte Rotlicht.

(d) 22 Leute

Abschnitt 2

(e) Er hat eine Explosion gehört und viel Rauch gesehen.

(f) um den Leuten (beim Rausklettern) zu helfen

(g) Sie warteten auf den Rettungswagen.

(h) Nein, es steht noch nicht fest wie viele.

(i) Es wird operiert.

(j) Sie müssen Blut haben.

Listening 2

1 die Verschmutzung durch die Abgase von PKWs, LKWs und Bussen

2 zu viele Autos und andere Fahrzeuge

3 Zum Beispiel sollten sie nicht immer mit dem Auto in die Schule fahren.

4 Es wäre gesünder, mit dem Fahrrad oder zu Fuß in die Schule zu kommen.

5 Altpapier, Dosen und Flaschen

6 eine Altpapiersammlung in der Schule zu organisieren

Reading 1

1. Nasca liegt im Süden des Landes.

2. Die Region ist sehr trocken.

3. Es gibt Probleme mit Arbeitsplätze.

4. Für die Jugendlichen ist Ausbildung wichtig.

5. Die Gesellschaft Pachamama Wanta Wua Wuan hat ein Kinderheim und ein Krankenhaus in Nasca aufgebaut.

6. Die Kinder lernen Nähen und Maschinenschreiben.

7. Nicky Mügge-Bruckert war früher Stewardess.

8. Sie war über die Situation in Peru schockiert.

9. Als sie nach Nasca einzog , sah sie die Möglichkeit den Kindern und Jugendlichen zu helfen.

10. Die Asociacion braucht immer mehr Geld, um in der Zukunft zu helfen.

Reading 2

(a) im April

(b) sehenm was junge Leutedort für die Umwelt machen

(c) Der Verkehr war reduziert./ Es gibt mehrere Fußgängerzonen./ Überall gibt es Blumen un Bäume

(d) Sie helfen ihnen, ihren Müll zu sortieren zu den Sammelstellen zu bringen.

(e) Sie solken recyclte Waren kaufen. Sie solltern keine Produkte mit viel Verpackung, Einwegflaschen und gefährlichen Spraydosend kaufen.

(f) Sie machen schon viel für unsere Umwelt und die Zukunft.

Reading 3

(i) D (ii) F (iii) C (iv) E

CHAPTER 8

Suggested coursework tasks for Health

Advice on what to do keep healthy	F
A letter to apologise for not being able to go to a party because you are ill	F/H
A written report about a typical day's eating.	F/H
A written report about the types of food and drink that should be consumed to stay healthy.	H
A commentary on the eating habits of the British.	H
An imaginary stay in hospital.	H

Listening transcripts

CHAPTER 1

Role-play 1–4 (Tracks 2–5)

Listening 1 (Track 6)

Die Mutter

Hier ist dein Zimmer. Leider ist es nicht sehr groß, aber es hat eine schöne Aussicht über den See. Komm! Es gibt schöne Bäume dort drüben, und du kannst die Segelboote sehen. Das Badezimmer ist hier rechts neben Pauls Zimmer. Im Badezimmer sind eine Dusche und die Toilette. Wir stehen um acht Uhr auf und frühstücken eine halbe Stunde später in der Küche. Wir essen nicht oft im Eßzimmer.

CHAPTER 2

Listening 1 (Track 9)

Frau

Guten abend, liebe Zuschauer. Ich möchte Ihnen nun einen Überblick über unser Programm für den heutigen Sonntagabend geben: Wie immer werden wir um 20 Uhr mit der Tagesschau und dem Wetterbericht beginnen. Um 20.15 Uhr folgt dann eine weitere Folge der Tatortserie. Kommissar Müller wird heute abend einen besonderen Mord untersuchen. In den Hauptrollen sehen Sie Curd Jürgens und Maria Schell ... Um 21.45 Uhr werden wir einen Dokumentarfilm über Indien zeigen. Dieser Film hat deutsche Untertitel ... Danach können Sie um 22.30 Uhr die heutige Ausgabe der Sportschau mit den neuesten Fußballergebnissen sehen. Wir werden unser Programm mit den Nachrichten um 23.30 Uhr und anschließender Ziehung der Lottozahlen beenden. Sendeschluß wird voraussichtlich gegen 1 Uhr morgens sein. Ich wünsche Ihnen gute Unterhaltung.

CHAPTER 3

Role-play 1–3 (Tracks 10–12)

Listening 1 (Track 13)

Abschnitt 1

Frau   Ich möchte lieber mit dem Zug nach Ostende und dann mit der Fähre nach Harwich fahren. Von Zeit zu Zeit bin ich doch etwas seekrank, aber normalerweise ist die See ganz ruhig und ich fühle mich wohl. Vor allem esse ich gern im Restaurant an Bord.

Mann   Ach nein, die Seefahrt dauert so lange. Wenn wir mit dem Flugzeug fliegen, ist die Reise viel kürzer. Du weißt, du bist fast immer seekrank. Ich leide gar nicht daran, und meiner Meinung nach schmeckt das Essen an Bord aber schrecklich.

Frau   Ja, aber man sieht nichts als Himmel und Wolken, wenn man fliegt. Mit dem Zug kann man die Landschaft von Holland sehen, und die Überfahrt ist oft herrlich, besonders bei gutem Wetter. Man sieht auch etwas von England, wenn man mit dem Zug von Harwich nach London fährt.

Abschnitt 2

Mann   Meine Liebe, das Flugzeug ist viel schneller, und wir können deswegen eine längere Zeit in London verbringen.

Frau   Ja, aber der Flughafen liegt so weit von der Innenstadt entfernt. Sicher dauert der Flug nach Gatwick ungefähr zwei Stunden, aber es dauert noch zwei Stunden, bis man im Hotel in der Innenstadt ankommt.

Mann   Na gut, ich habe eine Idee, wir können mit dem Zug durch den Kanaltunnel fahren. Es gibt Pannen dann und wann, aber du würdest sicher nicht seekrank werden.

Frau   Ja, du hast Recht, und der Zug durch den Tunnel kommt mitten im Stadtzentrum an. Gut, das machen wir!

Listening Task 2 (Track 14)

Lotte

Guten Tag, meine Damen und Herren, ich heiße Lotte und bin Ihre Stadtführerin. Die ganze Tour wird etwa anderthalb Stunden dauern. Wir fangen hier am Hauptbahnhof an, und am Ende werden wir die Atmosphäre des Schnoorviertels genießen, wo man die alten kleinen Häuser in den engen Straßen der Altstadt finden kann.

Zuerst gehen wir in die Innenstadt zum Marktplatz. Die Bremer nennen ihren Markplatz die gute Stube, denn hier in den Gebäuden um den Marktplatz herum kann man besonders gut essen und trinken. Seit dem Jahre 1404 ist das Denkmal Roland der Treffunkt für Tausende von Touristen und Einwohnern. Der Marktplatz ist in der Fußgängerzone, nur die Straßenbahn fährt hier durch.

Listening 3 (Track 15 & 16)

Frau   Der nächste Zug nach Koblenz fährt um achtzehn Uhr dreißig von Gleis 9 ab.

Mann   Sie fahren am besten mit dem Autobus Linie fünfunddreißig zum Flughafen.

Listening 4 (Track 17)

F   Also, Nils, das Frühstück wird von halb sieben bis zehn Uhr serviert, und das Abendessen von sechs bis elf. Den Zimmerschlüssel müssen wir bei der Dame am Hotelempfang lassen, den dürfen wir nicht mitnehmen. Deswegen ist er ja so groß!

M   Und wie ist das am letzten Tag, Sylvia? Wann müssen wir von hier weggehen?

F   Spätestens um zehn Uhr.

M   Dann müssen wir acht Stunden warten. Es gibt nichts zu machen, es ist so langweilig und unbequem am Flughafen. Was machen wir den ganzen Tag?

F   Lass das jetzt. Wir sind erst am Anfang unserer Ferien. Bis zum Ende haben wir noch zwei Wochen. Es ist schön hier. Ich mag es.

Listening 5 (Track 18)

Das Zillertal ist eines der herrlichsten Täler in ganz Österreich. Hier kann man schön Urlaub machen, die Ansicht der Berge genießen und viel Sport treiben, das ganze Jahr über. Mayrhofen ist bei den Touristen beliebt, nicht nur weil es tagsüber so viel an Sport- und Wandermöglichkeiten zu bieten hat, sondern auch weil abends so viel los ist. In den zahlreichen gemütlichen Cafés und Restaurants gibt es leckeres Essen, in den Bars und Diskos Musik und Tanz. Dazu gibt es auch nachmittags Kurkonzerte und weitere kulturelle Veranstaltungen in der Gegend.

Dass Mayrhofen ein bekanntes Ziel für Wintersportler ist, ist kein Geheimnis. Aber man kann auch im Hochsommer immer noch Ski fahren, und zwar im hochgelegenen Skiort Hintertux ganz in der Nähe von Mayrhofen.

Dazu kann man im Sommer Wandertouren machen, Tennis spielen, Rad fahren oder im beheizten Freibad schwimmen. Für Ihre Kleinen gibt es auch bei jedem Wetter viel Spaß. Drachenfliegen, Reiten, Malen, Basteln sind alle im Kinderprogramm.

Genießen Sie einen gesunden Urlaub! Hier können Sie sich ausruhen und entspannen, die herrliche Luft und den Duft der Berge geniessen.

CHAPTER 4

Role-play 1–3 (Tracks 19–21)

Listening 1 (Track 22)

Hältst du Vegetarier für Spinner?

Wir haben zwei Münchener Schüler gefragt, wie sie zu dieser Frage stehen und wie viel Fleisch sie essen.

Oliver, 17

Ja, ich muss schon sagen, dass ich Vegetarier für verrückt halte. Am schlimmsten finde ich die Veganer, denn die gehen wirklich zu weit. Die tragen keine Schuhe aus Leder und essen nicht mal Käse. Ich finde, man kann es auch übertreiben. Die Vegetarier behaupten ja immer, es sei viel gesünder, sich vegetarisch zu ernähren. Und dann erzählt mir mein Freund, er habe in der Zeitung gelesen, dass beim letzten Vegetarier-Kongress in der Schweiz 70 Leute ins Krankenhaus gemusst hätten. Sie hätten sich mit rohen grünen Bohnen vom Salat-Buffet vergiftet, sagt er. Da fragt man sich, ob es wirklich so gesund sein kann, vegetarisch zu leben. Sicher, bei den vielen Fleisch-Skandalen, die es in der letzten Zeit gegeben hat, muss man aufpassen, was für Fleisch man isst. Bei uns zu Hause gibt es deshalb jetzt immer Fleisch vom Bio-Bauer. Meine Mutter sagt immer, da wüsste man wenigstens, dass es den Tieren dort gut ginge. Ich finde, das ist eine gute Einstellung. Aber auf Fleisch verzichten könnte ich auf keinen Fall.

Karina, 16

Nein, im Gegenteil. Ich finde Vegetarier sehr vernünftig. Denn wer sich vegetarisch ernährt, lebt viel gesünder. Ich möchte mich auch gern nur vegetarisch ernähren, aber ich finde es ziemlich schwierig in meiner Situation. Ich wohne ja mit meiner Mutter und meiner jüngeren Schwester zusammen. Und was bei uns zu Hause auf den Tisch kommt, kauft fast immer meine Mutter ein. Da gibt es dann so zwei bis drei Mal pro Woche Fleisch, meistens Hühnchen. Eigentlich möchte ich das nicht essen, weil ich gesehen habe, wie Hühner in viel zu kleinen Käfigen gehalten werden, in denen sie noch nicht einmal natürliches Licht sehen. Das finde ich wirklich schrecklich. Aber wenn das Essen fertig auf dem Teller liegt, esse ich es dann doch. Meine beste Freundin ist Vegetarierin und meint, ich sei nicht stark genug, meiner Mutter klar zu machen, dass ich kein Fleisch mehr essen will. Aber ich finde, so einfach ist das alles nicht. Deshalb habe ich mir vorgenommen, im Moment so wenig Fleisch wie möglich zu essen. Und wenn ich von zu Hause ausziehe, höre ich ganz auf, Fleisch zu essen. Meine Freundin hat zu diesem Plan gesagt, später Vegetarier zu werden sei besser als nie.

Listening 2 (Track 23)

Lotte	Karl, was möchtest du?
Karl	Also, ich nehme eine Tasse Kaffee mit Milch, bitte.
Lotte	Und du, Jürgen?
Jürgen	Ja, für mich ein Stück Schwarzwälder Kirschtorte, bitte.
Lotte	Und Uschi, was möchtest du?
Uschi	Eine Tasse Tee mit Zitrone und ein Stück Apfelstrudel, bitte. Und zuletzt, Lotte, was möchtest du?
Lotte	Ich möchte ein Himbeereis, bitte.

Listening 3 (Track 24 & 25)

Part 1 Monika

Hallo, Brigitte, hier spricht Monika, schön, daß du zu Hause bist. Ich wollte dir nur etwas vom Sommerschlußverkauf erzählen, der heute morgen angefangen hat. Schon um halb acht ging ich mit Helga aus dem Haus, denn wir wollten so viele passende Sachen wie möglich zu herabgesetzten Preisen kaufen. Wir fuhren zuerst mit dem Zug und dann mit der Straßenbahn in die Innenstadt. Da viele Leute vor den Türen der Kaufhäuser standen, eilten wir zum ersten Kaufhaus, in das wir gehen wollten. Pünktlich um halb neun öffneten sich die Türen, und wir drängten uns durch die Menge zur Damenabteilung.

Part 2

Brigitte	Hast du etwas gekauft?
Monika	Ja sicher. Ich kaufte mir ein kurzes, schwarzes Kleid und

ein langes, blaues Kleid, während Helga sich ein grünes Kleid aussuchte. Das blaue Kleid war besonders billig, denn es war von neunundfünzig Mark auf dreißig Mark herabgesetzt. Letztes Jahr, als wir an der Nordseeküste waren, war Helgas Badeanzug zu klein, deshalb gingen wir heute in die Sportabteilung, wo Helga einen neuen, gelben Badeanzug aus Frankreich kaufte. Er war sehr billig und hübsch.

Brigitte	Hast du sonst noch etwas gefunden?
Monika	Ja, natürlich suchte ich auch etwas für meinen Mann. Wir kauften ihm Unterhemden und Socken. Als wir das Kaufhaus verließen, rief ich meinen Mann an, um ihm zu sagen, er würde Schuhe und Anzüge zu günstigen Preisen finden. Vielleicht hat er heute Zeit hinzugehen. Du solltest auch hingehen.
Brigitte	Ja, ich gehe gleich nach dem Mittagessen, tschüs!
Monika	Viel Glück! Wiederhören!

CHAPTER 5

Role-play 1–2 (Tracks 26–27)

Listening 1 (Track 28)

Sie hören jetzt einen Bericht über eine Gruppe von sechs arbeitsuchenden Jugendlichen, die an einem Multimedia-Projekt teilnehmen. Sie wissen, was das Internet für Arbeitslose zu bieten hat. Für die Stadt Freiburg fanden sie aber kein einziges Angebot. Die Jugendlichen gestalteten ihre eigene Homepage mit Bildern, Berufswünschen und Erfahrungen. Der Leiter der Gruppe, Joachim Winters, sah das Hauptziel des Projektes darin, die Jugendlichen zu aktivieren. Inzwischen haben sie alle einen Arbeitsplatz gefunden.

Listening 2 (Track 29)

Hier ist Herr Schulz aus Hamburg.

Frau Davies kommt nächste Woche in unsere Firma. Leider kann niemand sie vom Flughafen abholen. Sie sollte direkt vom Flughafen mit einem Taxi zu unserer Fabrik fahren. Die Fahrt dauert nur zehn Minuten. Die Konferenz wird gegen zwei Uhr nachmittags anfangen.

Am folgenden Morgen hat man eine Stadttour für unsere Gäste arrangiert. Wir freuen uns auf den Besuch.

Danke, auf Wiederhören.

CHAPTER 6

Role-play 1–2 (Tracks 30–31)

Listening 1 (Track 32)

M2	Was machst du, um fit zu bleiben, Max?
M1	Ich bin montags beim Training.
M2	Und du, Peter?
M1	Ich esse gesund – ich esse kein Fleisch, aber ich esse viel Obst, Gemüse und Käse.
M2	Und du, Tina?
F1	Ich habe vor einem Jahr mit dem Rauchen aufgehört.
M2	Und du, Anke?
F2	Meine Eltern rauchen, aber ich habe das nie gemacht – ich finde es total ungesund und gefährlich.
M2	Und du, Felix?
M1	Ich esse sehr gesund - viel Obst und ab und zu Hähnchen, aber kein Rindfleisch oder Schweinefleisch.

Listening 2 (Track 33 & 34)

Abschnitt 1

Freundin	Hast du je Drogen probiert, Karl?
Karl	Nein, meiner Meinung nach ist es sehr gefährlich, Drogen zu probieren, weil man davon abhängig werden kann.

Freundin   Aber du rauchst Zigaretten, nicht wahr?

Klaus   Ja, ich war zehn Jahre alt, als ich meine erste Zigarette rauchte. Ich weiß jetzt, daß Rauchen ganz dumm ist. Es kann auch sehr gefährlich sein.

Abschnitt 2

Frau   Kennst du andere junge Leute, die Drogen nehmen oder Zigaretten rauchen?

Klaus   Ja, manche aus meiner Klasse rauchen oder nehmen Drogen.

Frau   Warum nehmen sie Drogen?

Klaus   Weil sie sich langweilen, weil es Spaß macht, oder weil es so viel Streß in der Schule gibt.

Frau   Und das Rauchen?

Klaus   Sie rauchen, weil sie sich erwachsen und attraktiv fühlen wollen, besonders die Mädchen.

Frau   Und du?

Klaus   Ich glaube, ich sollte nicht mehr rauchen. Ich würde viel fitter sein, ich würde auch nicht mehr husten und ich könnte joggen gehen. Die jungen Leute, die Drogen nehmen, sind einfach schwach und sollten lernen, „nein" zu sagen.

Listening 3 (Track 35 & 36)

Abschnitt 1

Kunde   Guten Morgen, ich habe Kopfweh und ein bißchen Fieber. Ich fühle mich gar nicht wohl. Können Sie mir etwas empfehlen?

Apotheker   Ja, natürlich. Ich würde diese Tabletten empfehlen. Sie sollten zwei davon dreimal am Tag mit Wasser einnehmen. Ich würde auch raten, daß Sie ins Bett gehen und zwei oder drei Tage im Bett bleiben. Sie sollten nicht viel essen, sondern viele warme Getränke trinken. Sie haben wahrscheinlich eine kleine Grippe.

Abschnitt 2

Kunde   Was kosten die Tabletten?

Apotheker   Eine Packung zu zwanzig kostet acht Mark.

Kunde   Leider habe ich auch Husten, haben Sie etwas dagegen?

Apotheker   Ja sicher, ich empfehle diesen Hustensaft mit Honig darin. Sie sollten ihn auch dreimal am Tag einnehmen. Er kostet sechs Mark die Flasche, und hoffentlich wird der Husten schnell viel besser werden.

CHAPTER 7

Listening 1 (Track 37 & 38)

Frau   Heute morgen fand ein Zugunglück auf der Strecke zwischen Köln und Düsseldorf statt. Ein Zug fuhr mit einer Geschwindigkeit von 45 km pro Stunde in einen anderen Zug hinein, der bei Rotlicht stillstand. Nach Angaben der Polizei sind 22 Leute tödlich verunglückt, darunter 5 Kinder.

Abschnitt 2

Frau   Unser Reporter hat vor kurzem mit einem Augenzeugen gesprochen.

Reporter   Herr Lemmer, was haben Sie gesehen?

Herr Lemmer   Explosion, wie eine Bombe, und sah viel Rauch. Ich eilte hin, um den Leuten beim Rausklettern zu helfen. Viele mußten auf den Rettungswagen warten ... Es war furchtbar ... Es war zum Weinen.

Reporter   Die Verletzten werden in die Krankenhäuser gebracht – es steht noch nicht fest wie viele. Die Lage ist sehr schlimm, einige werden schon operiert. Es wird dringend Blut gebraucht.

Listening Task 2 (Track 39)

Junge   Heutzutage gibt's viele Probleme in den Großstädten in Deutschland. Die Verschmutzung durch die Abgase von PKWs, LKWs und Bussen ist enorm. Was meinst du dazu?

Mädchen   Ja, stimmt, wir haben zu viele Autos und andere Fahrzeuge in der Stadtmitte, sie verpesten die Luft und sind außerdem laut. Die Politiker sollten etwas machen.

Junge   Ja, aber wir sollten auch etwas tun, um die Umwelt zu schützen. Zum Beispiel sollten wir nicht immer mit dem Auto in die Schule fahren. Es wäre gesünder, mit dem Fahrrad oder zu Fuß in die Schule zu kommen.

Mädchen   Sicher, und wir sollten auch keine Abfälle auf die Straßen werfen. Altpapier, Dosen und Flaschen sollten wir recyceln.

Junge   Vielleicht könnten wir eine Altpapiersammlung in der Schule organisieren. Das wäre etwas Positives.

Index